U0744912

2021

天津金融发展报告

中国滨海金融协同创新中心

主　编／王爱俭　刘　玚

副主编／王会奇　李向前　王学龙

ANNUAL REPORT ON THE DEVELOPMENT OF

FINANCE IN TIANJIN (2021)

中国金融出版社

责任编辑：贾　真
责任校对：李俊英
责任印制：张也男

图书在版编目（CIP）数据

天津金融发展报告. 2021/王爱俭，刘玚主编. —北京：中国金融出版社，2022.3
ISBN 978-7-5220-1523-1

Ⅰ. ①天…　Ⅱ. ①王…②刘…　Ⅲ. ①地方金融事业—经济发展—研究报告—
天津—2021　Ⅳ. ①F832.721

中国版本图书馆CIP数据核字（2022）第024784号

天津金融发展报告（2021）
TIANJIN JINRONG FAZHAN BAOGAO（2021）

出版
发行　中国金融出版社

社址　北京市丰台区益泽路2号
市场开发部　（010）66024766，63805472，63439533（传真）
网上书店　www.cfph.cn
　　　　　　（010）66024766，63372837（传真）
读者服务部　（010）66070833，62568380
邮编　100071
经销　新华书店
印刷　保利达印务有限公司
尺寸　169毫米×239毫米
印张　11.75
字数　200千
版次　2022年3月第1版
印次　2022年3月第1次印刷
定价　46.00元
ISBN 978-7-5220-1523-1
如出现印装错误本社负责调换　联系电话（010）63263947

主编简介

王爱俭，管理学博士，天津财经大学金融学科带头人、教授、博士生导师，中国滨海金融协同创新中心主任，民建中央财政金融委员会副主任，国家社科、国家自然科学基金同行评议专家。主要研究领域为汇率体制改革、开放经济货币政策宏观调控与区域金融创新研究。近年来，主持完成国家社科基金重大项目2项、国家自然科学基金项目3项、国家社科基金1项、教育部项目2项、科技部项目1项，在《经济研究》《金融研究》等国内外重要刊物发表论文80余篇，出版专著20余部，荣获国家和省部级奖项10余项，享受国务院特殊津贴。

刘玚，金融学博士，天津财经大学金融学院副教授、硕士生导师，中国滨海金融协同创新中心研究员。主要研究领域为国际金融、资本流动监管与区域经济发展研究。主持完成国家社科青年项目1项，参与国家社科基金重大项目2项，在CSSCI期刊发表论文10余篇。

摘　要

　　《天津金融发展报告（2021）》是中国滨海金融协同创新中心组织编写的系列年度报告的第十本，旨在概括和分析2020年天津金融发展和创新的主要情况，研讨和评论重要金融事件，分析2020年天津金融发展状况。本书由总报告、分报告和专题报告三个部分组成。总报告为《2020年天津金融发展状况分析》，主要探析了2020年天津金融发展状况和变化特征。分报告从行业视角分析2020年天津金融业发展状况，具体包括《2020年天津金融机构发展报告》《2020年天津金融市场发展报告》《2020年天津金融产品创新发展报告》《2020年天津金融人才发展报告》《2020年天津金融生态环境发展报告》五篇报告。专题报告，包括《自贸试验区金融改革驱动京津冀产业高质量协同发展研究》《天津金融支持消费中心城市建设分析》《雄安—天津金融协同发展研究》和《"十四五"时期天津金融政策着力点解析》四篇报告。本报告可供相关研究领域的学者、业界人士和政策部门参考，也有助于国际学术界了解天津金融发展和创新的最新动态。

　　关键词：天津金融发展　消费金融　"十四五"规划
　　　　　　金融科技　金融改革

前　言

"十四五"期间金融多维发力推动实体经济
高质量发展的路径

为了更好地推进实体经济的高质量发展，金融需多维发力，层层破解经济发展的难点、痛点和薄弱环节，处理好金融发展与实体经济发展之间的关系，实现两者的良性循环格局。只有提升金融服务实体经济的能力和责任感，才能使金融业今后的发展道路愈行愈远。要积极探寻今后5年乃至更长时期金融发展的新路径、新举措，不断地让金融向服务实体经济、向高质量发展要求靠近。具体举措包括以下五个方面。

一、探索更高层次的金融开放，建设开放型经济新体制

党的十九届五中全会指出，要"实行高水平开放，建设更高水平开放型经济新体制"。高层次的金融开放是高水平开放的重要一环，是建设开放型经济新体制的必要条件。"十三五"时期，我国金融开放成就斐然，在人民币汇率形成机制市场化、国内外金融市场互通互联、人民币国际化及自由贸易试验区（以下简称自贸区）试点资本账户开放等诸多方面都取得了突出成就。但金融机构国际竞争力有待进一步增强。因此，"十四五"时期，甚至未来更长的一段时间，我国要积极探索更高层次的金融开放，重点就是以自贸区、自贸港建设为抓手，先行先试资本账户开放、全面取消外资持股比例限制等金融开放举措，加大资本市场开放程度，将自贸区打造成为离岸金融中心，助推人民币国际化进程。

五、严守不发生系统性金融风险的底线，建设更高水平的平安中国

习近平总书记多次强调，金融安全是国家安全的重要组成部分。金融的本质就是处理好信用、杠杆与风险三者之间的关系，更好地为实体经济服务。当前，面对复杂的国际国内形势，我国金融市场开放度的提升与随之而来的金融风险攀升步伐并进，更多不确定性和更大挑战迎面而来。金融不仅要提升服务实体经济的能力，还要更具前瞻性地为实体经济发展营造安全稳定的金融环境。维护好稳增长与防风险的动态平衡，这本身就是金融高质量服务实体经济发展的应有思维。在风险叠加下，缺乏行之有效的金融监管势必会引发金融脆弱性，危害实体经济发展。在此背景下，金融业如何顺势而变，创新金融监管模式以构建中国金融安全监测预警系统就凸显出极大的重要性。

第一，稳金融是"六稳"中的重要一环，为更好地实现"十四五"规划及二〇三五年远景目标，有效防范和化解金融风险以更好地服务实体经济发展，就要处理好新一轮金融发展和金融安全的关系。应兼顾严监管与稳增长，可搭建金融监管机构和市场主体协作平台，借助市场的力量去探索新路径、新方法。金融监管是一门"平衡术"，要实现促发展与防风险平衡，监管方式需要紧跟金融业务实际，及时作出优化调整与改革创新。金融监管模式要在金融业对外有序开放、稳步推进中有效对接新需求，更好地在严防各类风险、缓释外来冲击等方面发挥作用。

第二，金融创新与加强监管并重，是当下应坚守的思路。从实践来看，金融创新带来的风险冲击力往往推动监管重视度的提升，我们应认清创新与监管动态演变的矛盾关系，打造包容审慎的创新监管机制，将宏观审慎和微观审慎的协调机制融入监管体系，积极探索适配我国国情的金融监管路径，对风险、危机进行监测并及时作出反应，有效提升监管能效。近年来，监管的顶层设计和整体布局逐渐凸显出重大意义，应加快完善符合我国国情的金融监管框架，提升综合监管能力。可有序扩大开展金融创新监管试点工作，推动传统金融监管适配金融科技创新，以科技进步为监管转变赋能，提升监

管的专业性和穿透力，从而有效维护我国的金融安全。

第三，加强国际金融监管的交流与合作，探索建立与我国发展相适应的风险监管合作模式。应推进监管理念、模式的转变，注重与国际监管制度规则的有效对接，建立风险全覆盖的监管框架，增强监管的穿透性、统一性和权威性。应规范监管制度，鼓励能切实守住风险的监管创新，依法将金融活动全面纳入监管，治理各种金融乱象，通过金融监管约束不合理创新，防范因经济过度金融化而引发的风险。同时，应拓宽金融监管边界，强化金融监管效率，在金融效率边界与金融安全边界上寻找最佳结合点，根据经济及行业变化随时调整监管路径，发挥监管在金融发展背后的"保驾护航"作用。

王爱俭

2021年8月

目录

Ⅰ 总报告

Ⅱ 分报告

Ⅲ 专题报告

I 总 报 告

General Reports

B.1
2020年天津金融发展状况分析

程卫红　魏鹏飞[*]

摘　要： 2020年，天津金融业总体运行平稳，社会融资规模较快增长，银
　　　　行业资产负债增长加快，存贷款量速齐升，信贷结构进一步优
　　　　化，融资成本进一步下降，营业收入增速下行，合理让利于实体
　　　　经济，金融生态持续优化，金融改革创新不断深化，为天津打赢
　　　　疫情防控阻击战和经济社会加快恢复正常生产生活秩序、实现平
　　　　稳高质量发展提供了有力支撑。

关键词： 金融运行　金融发展　金融改革　金融创新

---

[*] 程卫红，中国人民银行天津分行金融研究处，主要研究方向为货币政策、金融发展和金融监
管；魏鹏飞，中国人民银行天津分行金融研究处，主要研究方向为金融发展和绿色金融。

一 2020年天津金融运行情况

（一）社会融资规模增量可观，表内信贷、企业债券、政府债券共同发力

2020年，天津市社会融资规模增量为4508亿元，同比多增1642亿元（见表1），占全国的1.3%，较上年提高0.2个百分点。其中，表内信贷、企业债券和政府债券贡献了大部分增量，且较上年同期实现多增，表外融资继续负增长，但同比降幅收窄。

表1 2020年天津市社会融资规模增量构成

单位：亿元

指标		2020年	2019年	同比增加
银行业融资	各项贷款新增额（表内）	2813	2048	765
	其中：人民币贷款	2840	2317	523
	外币贷款	−27	−269	242
	委托贷款（表外）	−295	−638	343
	信托贷款（表外）	−380	−352	−28
	未贴现银行承兑汇票（表外）	−614	−764	150
	表外小计	−1290	−1754	464
	银行业小计	1523	294	1229
直接融资	股票融资	232	109	123
	企业债券	1005	875	130
	小计	1237	984	253
政府债券融资		1409	920	489
其他融资		339	669	−330
合计		4508	2866	1642

资料来源：中国人民银行天津分行。

1.信贷规模增长提速，信贷结构不断优化

2020年，天津市银行业机构本外币各项贷款增加2813亿元，同比多增765亿元。其中，人民币贷款增加2840亿元，同比多增523亿元；外币贷款减少27亿元，同比减少242亿元。

分部门看，天津市贷款增长点主要集中于企（事）业单位贷款，居民个人消费贷款增量低于上年。1~12月，天津市企（事）业单位贷款增加1681亿元，同比多增1193亿元，余额增速达6.4%，比上年同期上升4.5个百分点。其中，受基建投资反弹力度加大拉动，中长期贷款增加1240亿元，同比多增499亿元；票据融资增加114亿元，同比少增66亿元。天津市住户贷款增加1066亿元，同比少增512亿元，余额增速为11.3%，比上年同期大幅回落9.2个百分点，主要原因是在防疫措施下，居民餐饮、旅游、购物等即期消费与购房、购车等大额消费性支出均相应减少。其中，天津市个人住房贷款增加487亿元，同比少增109亿元。

分行业看，一是受新冠肺炎疫情影响较大的行业贷款增加较多。1~12月，天津市交通运输、仓储和邮政业，金融业，租赁和商务服务业贷款分别增加441亿元、305亿元和287亿元，占企业贷款全部增量（不含票据融资）的65.5%，同比多增566亿元。二是信贷资源向民营企业倾斜。1~12月，天津市私营控股企业贷款增加483亿元，余额同比增长9.6%。三是普惠金融领域的信贷支持力度加大。截至2020年末，天津市普惠口径小微企业贷款余额为2010亿元，同比增长44.1%。全年增加678亿元，同比多增282亿元，其中个体工商户和小微企业主经营性贷款分别增加223亿元和188亿元，余额增速分别达52.4%和33.8%；单户授信1000万元以下的小微企业贷款增加267亿元，同比多增174亿元。农户贷款增加99亿元，余额同比增长32.5%，高于同期全部贷款增速25.0个百分点。

2.表外融资保持负增长，委托贷款、信托贷款、未贴现银行承兑汇票均有所减少

1~12月，天津市银行业机构表外融资减少1290亿元，同比少减464亿元。一是委托贷款减少295亿元，同比少减343亿元。委托贷款规模下降集中

于房地产业和租赁、商务服务业，分别比年初减少133亿元和219亿元。由于上年同期低基数影响及2020年以来基建投资回暖，委托贷款降幅较上年同期收窄。二是信托贷款减少380亿元，同比多减28亿元，其中12月大幅减少224亿元。自2020年以来，监管部门出台多项监管细则加强对信托业务的合规化管理，推动信托业务回归本源，导致年末信托贷款大幅下降。三是未贴现银行承兑汇票累计减少614亿元，同比少减150亿元。1~12月，天津市境内企业累计签发商业汇票3591亿元，较上年同期减少552亿元，其中批发和零售业生产经营等经济活动受疫情影响有所缩减，签票量比上年同期减少555亿元。

3. 债券市场稳步发展，企业债、政府债均出现增长

企业债方面，1~12月，天津市非金融企业债券净融资为1005亿元，同比多增130亿元。分品种看，公司债净融资规模最高，全年增加572亿元，同比多增83亿元；资产支持票据净融资为315亿元，同比多增90亿元；交易所企业资产支持证券净融资为274亿元，同比多增67亿元；超短期融资券净融资为173亿元，同比多增238亿元；定向工具全年减少367亿元，同比多减52亿元。截至2020年12月底，全市非金融企业债券余额达7568亿元，其中银行间市场债券余额为4057亿元。

在政府债方面，1~12月天津市地方政府债券净融资为1409亿元，其中一般债净融资为202亿元，同比多增96亿元，专项债净融资为1207亿元，同比多增393亿元。截至2020年12月底，天津市地方政府债券余额共计6356亿元，其中一般债余额为1696亿元，专项债余额为4660亿元。

4. 股票融资规模同比多增，6家企业首发上市

2020年，天津市非金融企业上市融资232亿元，同比多增123亿元。2020年6家企业首发上市融资92亿元，其中5家为制造业企业，1家为信息传输、软件和信息技术服务业企业。

（二）金融市场整体运行平稳，交易规模保持上升态势

1. 同业拆借市场融资规模上升

2020年，天津市银行间同业拆借市场完成信用拆借17872.4亿元，同比

下降46.8%，净融入资金为10771.4亿元，同比增长42.5%。拆入加权平均利率为2.1%，同比下降0.52个百分点；拆出加权平均利率为2.2%，同比下降0.38个百分点。隔夜和七天拆借成交14687.9亿，占全部同业拆借的比重为82.2%，同比下降9.5个百分点。

2. 票据市场再贴现业务增长较快

截至2020年末，天津市银行业金融机构承兑汇票余额为2561.4亿元，同比下降16.3%。贴现及买断式转贴现余额为1417.2亿元，同比增长8.8%，较年初增加114.2亿元。再贴现余额为83.0亿元，同比增长62.9%，2020年累计发生额为214.6亿元，同比增长82.7%。

3. 债券市场交易量保持上升

2020年，天津市企业在银行间债券市场发行规模为2352.5亿元，同比增长34.6%。全品种加权平均发行利率为4.4%，同比下降24个基点。2020年，天津市现券买卖收益率呈下降趋势，现券买入收益率为2.7%，卖出收益率为2.7%，同比分别下降0.44个、0.48个百分点。

4. 人民币跨境收付量回升

2020年，天津市人民币跨境收付为2148.6亿元，同比增长18.0%。其中，收入为996.9亿元，同比增长15.3%；支出为1151.7亿元，同比增长20.4%。经常项下人民币跨境收付为1295.6亿元，同比增长2.9%；资本项下人民币跨境收付为853.0亿元，同比增长51.5%。

5. 黄金业务成交量较快增长

2020年，天津市黄金业务成交总额为308.6亿元，同比增长68.5%。其中，实物黄金成交8.5亿元，黄金代理成交98.4亿元，账户金成交157.6亿元。

二　2020年天津金融业发展情况

（一）银行业稳健运行，金融服务质效提升

截至2020年末，天津市地方法人银行业金融机构49家（见表2），其中城市商业银行、小型农村金融机构、财务公司、信托公司、外资银行和新型

农村金融机构依次有1家、2家、7家、2家、1家、18家，金融租赁公司等其他法人金融机构有18家。银行业金融机构营业网点有2675个，较上年减少316个；从业人员达73074人，较上年减少27561人。

表2 2020年天津市银行业金融机构情况

机构类别	营业网点			法人机构（个）
	机构个数（个）	从业人数（人）	资产总额（亿元）	
大型商业银行	1239	28526	14968	0
国家开发银行和政策性银行	9	623	3541	0
股份制商业银行	387	10058	9267	0
城市商业银行	301	7603	9423	1
城市信用社	—	—	—	—
小型农村金融机构	505	8164	5411	2
财务公司	0	240	591	7
信托公司	0	430	148	2
邮政储蓄银行	120	2357	1172	0
外资银行	19	1407	823	1
新型农村金融机构	95	1433	305	18
其他	0	12233	8568	18
合计	2675	73074	54218	49

资料来源：天津银保监局。

注：营业网点不包括国家开发银行和政策性银行、大型商业银行、股份制商业银行等金融机构总部数据；大型商业银行包括中国工商银行、中国农业银行、中国银行、中国建设银行和交通银行；小型农村金融机构包括农村商业银行；新型农村金融机构包括村镇银行、贷款公司；其他包括金融租赁公司、汽车金融公司、中德住房储蓄银行、金城银行等。

1. 资产负债增长加快，营业收入增速下降

2020年末，天津市银行业金融机构资产总额保持增长态势，为5.4万亿元，同比增幅达6.4%，较2019年增速提高3.3%；负债总额比上年增长6.2%，2020年达5.2万亿元，较2019年增速提高3.0%。在营业收入方面，天津市银行业金融机构2020年累计实现营业收入1204.3亿元，同比增速2.7%，增幅比2019年降低2.8%。

2. 存款量速齐升，住户存款保持快速增长

2020年，虽然受新冠肺炎疫情影响，但天津市全年本外币各项存款余额继续增长，年末达34145.0亿元，比年初新增2356.2亿元，比上年增长7.4%，提高4.8个百分点。其中住户存款余额同比增速为17.4%，比其他各项存款高出10个百分点。

天津市本外币各项存款余额为34145.0亿元，同比增长7.4%，较上年提高4.8个百分点，较年初新增2356.2亿元，是上年同期的3倍。其中，住户存款余额比年初新增2228.7亿元，比上年增长17.4%，同比多增346.8亿元，增速较各项存款快10个百分点，但住户存款中结构性存款比年初减少574.2亿元，大额存单较年初增加297.7亿元；非金融企业存款和外币各项存款均比年初有所增加，增加额分别为233.2亿元和13.6亿美元，同比少降额分别为909.4亿元和13.8亿美元。

3. 贷款总体平稳，结构进一步优化

2020年，天津市银行业信贷整体运行平稳，较上年本外币各项贷款余额依然保持增长，为38859.4亿元，比上年增长7.5%，较上年同期提高1.5个百分点，与年初相比，增加2718.1亿元，同比多增692.0亿元。外币各项贷款余额同比下降1.4%，较年初减少2.5亿美元，同比少降41.1亿美元。

4. 表外业务发展分化，担保类业务下降

2020年末，天津市银行业金融机构四类表外业务，包括金融衍生品类、金融资产服务类、承诺类、担保类等的余额同比增速为23.7%。其中金融衍生品类、金融资产服务类和承诺类表外业务分别增长19.7%、8.2%及100.3%；担保类表外业务同比下降3.7%。

5. LPR 改革取得积极成效，贷款利率显著下降

2020年，天津市银行业金融机构新发放贷款中利用LPR的占比明显提高，这一比例在2020年12月为97.8%，比改革初期的2019年8月上涨了72个百分点；存量浮动利率贷款定价基准转换工作于8月底基本完成。LPR引导企业贷款利率下降效果显著。2020年，天津市金融机构企业贷款加权平均利率为4.64%，较2019年下降0.49个百分点。其中，普惠小微型、大型、中型、小微

企业的贷款加权平均利率同比分别下降1.05个、0.57个、0.35个和0.63个百分点；票据贴现和转贴现利率均下降，同比分别下降0.50个和0.79个百分点。地方法人银行运用再贷款资金发放的贷款加权平均利率为4.68%，较上年同期下降1.15个百分点；再贴现票据贴现加权平均利率为2.57%，比上年同期下降0.59个百分点。

（二）证券期货市场运行平稳，各类市场业务规模有序增长

截至2020年末，在证券经营机构方面，天津市共有法人证券公司和法人基金管理公司各1家；在期货经营机构方面，天津市共有法人期货公司6家；在上市挂牌公司方面，天津市共有上市公司60家、新三板挂牌公司148家、区域性股权市场挂牌公司974家（见表3）。

表3　2020年天津市证券期货业基本情况

	名称	2020年	2019年	同比增加
证券经营机构	证券公司数（家）	1	1	0
	证券分公司数（家）	35	33	2
	证券营业部数（家）	150	153	−3
	证券营业部总资产（亿元）	237.58	172.40	65.18
	证券营业部净资产（亿元）	14.63	13.01	1.62
	证券营业部净利润（亿元）	0.09	0.07	0.02
	基金管理公司数（家）	1	1	0
	基金管理公司分公司数（家）	1	1	0
	管理基金数（只）	93	62	31
	基金份额（亿份）	14256.27	12791.02	1465.25
	基金净值（亿元）	14475.78	12826.50	1649.28
期货经营机构	期货公司数（家）	6	6	0
	期货分公司数（家）	5	4	1
	期货营业部数（家）	28	30	−2
	期货公司总资产（亿元）	201.99	137.19	64.8
	期货公司净资产（亿元）	31.26	24.50	6.76
	期货公司净利润（万元）	−46.35	−386.01	339.66

续表

名称		2020年	2019年	同比增加
上市挂牌公司	上市公司数（家）	60	54	6
	其中：上交所上市公司数（家）	28	27	1
	深交所主板上市公司数（家）	8	8	0
	中小板上市公司数（家）	9	9	0
	创业板上市公司数（家）	11	8	3
	科创板上市公司数（家）	4	2	2
	上市公司总股本（亿股）	883.68	790.85	92.83
	上市公司总市值（亿元）	9230.87	7208.4	2022.47
	新三板挂牌公司数（家）	148	162	–14
	区域性股权市场挂牌公司数（家）	974	913	61

资料来源：天津证监局。

1. 法人证券公司资产规模增长加快，经营风险可控

2020年末，法人证券公司资产总额和负债总额分别为592.5亿元和388.7亿元，同比分别增长15.4%和25.2%；累计实现净利润8.2亿元，较上年减少1.8亿元。2020年末，法人证券公司风险覆盖率比监管预警标准高208.3个百分点，净稳定资金率比监管预警标准高89.8个百分点。

2. 法人基金公司业务规模扩大，基金净值增长

2020年末，法人基金公司资产总额和负债总额分别为146.6亿元和18.8亿元，同比分别增长15.0%和2.2%。2020年末，法人基金公司管理基金93只，较上年末增加31只，基金净值为14475.8亿元，较年初增加1469.3亿元。

3. 法人期货公司资产规模较快增长，代理交易规模增势回落

2020年末，天津市法人期货公司资产合计202.0亿元，同比增长47.2%；净资产总额为31.3亿元，同比增长27.6%；代理交易额为96933.4亿元，同比增长31.5%；代理交易量为15392.2万手，同比增长28.9%。

（三）保险业发展更趋多元，业务结构持续改善

2020年末，天津市共有7家法人保险公司，保险公司分支机构70家，保

险公司分支机构总资产为1763.0亿元（见表4）。

表4　2020年天津市保险业基本情况

指标	2020年	2019年	同比增加
总部设在辖内的保险公司数（家）	7	6	1
其中：财产险经营主体（家）	2	2	0
人身险经营主体（家）	5	4	1
保险公司分支机构（家）	70	69	1
其中：财产险公司分支机构（家）	28	28	0
人身险公司分支机构（家）	42	41	1
保险公司分支机构总资产（亿元）	1763.0	1548.6	214.4
其中：财产险公司分支机构总资产（亿元）	142.3	131.2	11.1
人身险公司分支机构总资产（亿元）	1620.7	1417.4	203.3
原保险保费收入（中外资，亿元）	672.09	617.89	54.2
其中：财产险（中外资，亿元）	164.26	152.19	12.07
人身险（中外资，亿元）	507.84	465.71	42.13
其中：寿险（亿元）	382.33	355.27	27.06
健康险（亿元）	105.71	91.95	13.76
人身意外伤害险（亿元）	19.79	18.49	1.3
原保险赔付支出（中外资，亿元）	168.18	158.16	10.02
其中：财产险（中外资，亿元）	83.64	79.29	4.35
人身险（中外资，亿元）	84.54	78.87	5.67
其中：寿险（亿元）	50.57	48.12	2.45
健康险（亿元）	30.66	27.79	2.87
人身意外伤害险（亿元）	3.32	2.96	0.36

资料来源：中国人民银行天津分行、天津证监局。

1. 经营主体小幅增加，资产规模增长加快

2020年末，天津市共有7家法人保险公司，较上年增加1家。保险公司在天津分支机构资产总额为1763.0亿元，同比增长13.9%。其中，财产险公司资产总额和人寿险公司资产总额分别为142.3亿元和1620.7亿元，同比分别增长8.5%和14.3%。

2. 保费收入增长减弱,赔款和给付小幅增长

2020年,天津市保险业共实现保费收入672.09亿元,同比增长8.8%。其中,财产险保费收入和人身险保费收入分别为164.26亿元和507.84亿元,同比分别增长7.9%和9.1%。全年赔款和给付支出168.18亿元,同比增长6.3%,其中财产险赔款支出及人身险赔款和给付支出分别为83.64亿元和84.54亿元,同比分别增长5.5%和7.2%。

3. 业务结构持续改善,普通寿险和非车险业务占比提升

财产险公司的非车险业务占保费收入的38.0%,同比提高3.9个百分点。普通寿险占人寿险公司保费收入的36.7%,同比增长3.7%;分红寿险占人寿险公司保费收入的40.7%,同比下降4.2%。

三 2020年天津金融改革创新情况

(一)自贸区金融改革创新深入推进

2020年,天津自贸试验区制度创新进一步深化,66项自主创新措施全面实施,10项试点经验向全国推广,《中国人民银行关于金融支持中国(天津)自由贸易试验区建设的指导意见》准予实施政策已全部落地,11项措施在全国复制推广,FT账户复制工作稳步推进,累计开立FT主账户超过800个;东疆保税港区经营性租赁收取外币租金业务实施两项创新措施;设立滨海产业发展基金,认缴规模达300亿元,海河产业基金累计签署37只母基金合作协议,认缴规模达1238亿元;飞机、国际航运船舶、海工平台等租赁跨境资产占全国的80%以上。

(二)民营小微金融支持力度不断加大

2020年末,天津市普惠小微人民币贷款余额为2009.7亿元,同比增长45.5%,较年初新增678.3亿元,同比多增282.6亿元;私人控股企业贷款余额为5389.1亿元,同比增长9.6%,余额占全部企业贷款的20.9%,较上年提高

0.6个百分点；制造业贷款余额为2628.3亿元，同比增长9.4%，其中制造业中长期贷款余额为1038.1亿元，同比增长27.6%，较年初新增224.7亿元，同比多增208.5亿元；涉农贷款余额为2256.0亿元，同比增长16.0%，较上年同期提高9.7个百分点；企业信用贷款余额同比增长7.6%，余额占全部企业贷款的比重为27.2%，其中1~5级地方法人银行普惠小微信用贷款余额占其普惠小微贷款余额的48.7%，位居全国前列。

（三）支付结算体系逐步完善

2020年，天津市各类支付清算系统共处理人民币业务140.3万亿元，同比增长3.8%，增速较上年提高2.0个百分点，支付清算系统覆盖率达83.6%。疫情期间及时放开小额支付系统节假日限额，确保天津市资金汇路高效、畅通。支持消费提质扩容，指导、协调收单机构和银行主动减免手续费4.7亿元，开展特色营销活动560余次，带动交易294.5亿元，通过"云闪付"向76.3万名用户发放消费券，带动消费2.8亿元。继续推进移动支付便民工程，公交、地铁领域实现金融标准产品全覆盖，以税银模式接入"云闪付"App开展社保缴费业务，移动支付在农村地区普及度显著提高，全年交易金额达7891.0亿元，同比增长28.0%。

（四）征信基础设施建设扎实推进

2020年，天津市个人信用报告自助查询机查询67.8万笔，企业信用报告临柜和网银查询共24108笔，将消防安全领域严重失信信息纳入征信系统；创新开展"6·14信用记录关爱日"宣传周活动，面向天津市高校开展"征信知识进校园 诚信理念放心间"主题在线知识答题活动，47所高校13万人次参加；搭建"小二生活"平台，促进小微商户融资，已入驻商户9.5万家，10705家获得信用贷款；天津市应收账款融资服务平台促进融资649笔，金额为161.6亿元，其中，中小微企业融资621笔，金额为155.2亿元；做好农户电子信用档案建设工作，为45.6万户农户建立了信用档案，累计对已建立信用档案农户发放贷款1023.0亿元。

（五）金融消费权益保护进一步增强

2020年，天津市积极推进金融知识宣传教育，开展"3·15金融消费者权益日""普及金融知识 守住钱袋子"等大型金融知识宣传活动，累计开展活动7700余次，受众消费者人数约520万余人，发放宣传资料约84万份，线上渠道发布量约1.5万次，点击量约489万次。"'津'融微课堂"系列金融知识科普视频成功登陆"学习强国"平台。按照"风险引导监管，执法保障权益"思路，完成3家机构金融消费权益保护情况现场检查和64家评估工作，初步构建具有天津特色的环境评估指标体系。有序开展违法金融广告监测处置工作，积极利用"金融广告随手拍"程序提升金融广告监测效能。

Ⅱ 分 报 告

Sub Reports

B.2
2020年天津金融机构发展报告

刘　玚　尚嘉琳*

摘　要： 本报告分析了2020年天津市金融机构的发展状况。2020年，天津市聚焦金融支持新冠肺炎疫情防控、复工复产和稳企业保就业工作，统筹金融发展和安全稳定，认真贯彻稳健的货币政策更加灵活适度的要求，金融业总体运行平稳，社会融资规模增长速度提高，银行业资产和负债规模增长加快，存贷款量速齐升，信贷结构进一步优化，融资成本进一步下降，营业收入增速下行，合理让利于实体经济，金融生态不断优化，金融改革创新持续深化，为天津打赢疫情防控阻击战，加快恢复正常生产生活秩序，实现稳定优质发展提供了有力支持。

关键词： 金融机构　银行机构　证券机构　保险机构　租赁机构

---

* 刘玚，中国滨海金融协同创新中心研究院，天津财经大学金融学院副教授，研究方向为国际金融、货币政策、区域金融；尚嘉琳，天津财经大学金融学院硕士研究生，研究方向为国际金融、货币政策。

一 天津银行业金融机构发展状况

2020年末，银行业金融机构资产和负债分别增长6.4%和6.2%，同比分别提高3.3个和3.0个百分点。本外币各项存款余额增速较上年提升4.8个百分点，住户存款增速相比各项存款高10.0个百分点。信贷运行总体平稳，增速较上年提高1.5个百分点，普惠小微贷款、制造业中长期贷款、涉农贷款余额增速分别为45.5%、27.6%、16.0%，均领先各项贷款。企业人民币一般贷款加权平均利率水平为4.64%，较上年回落0.49个百分点，其中，普惠小微贷款利率水平较上年回落1.05个百分点。持续推进重大金融风险防控，资产质量总体可控。

天津市银行业金融机构总数为2675家。银行业从业人数由2019年的100635人锐减至2020年的73074人。此外，法人机构数量为49家，与2019年的水平保持不变（见表1）。

表1　2020年天津市银行业金融机构情况

机构类别	营业网点			法人机构（家）
	机构个数（个）	从业人数（人）	资产总额（亿元）	
大型商业银行	1239	28526	14968	0
国家开放银行和政策性银行	9	623	3541	0
股份制商业银行	387	10058	9267	0
城市商业银行	301	7603	9423	1
城市信用社	—	—	—	—
小型农村金融机构	505	8164	5411	2
财务公司	0	240	591	7
信托公司	0	430	148	2
邮政储蓄银行	120	2357	1172	0
外资银行	19	1407	823	1
新型农村机构	95	1433	305	18
其他	0	12233	8568	18
合计	2675	73074	54217	49

资料来源：天津银保监局。

（一）银行业整体情况

1.资产负债增速上升 营业收入增速下降

2020年，天津市银行业资产负债增长加快，营业收入增速回落。截至2020年末，天津市银行业金融机构共持有资产5.4万亿元，持有负债5.2万亿元，较2019年同比分别增长6.4%和6.2%，增速较上年分别提升 3.3个和3.0 个百分点。2020年天津市银行业金融机构累计实现营业收入 1204.3亿元，较上年同比增长 2.7%，增速较上年回落2.8 个百分点（见图1）。

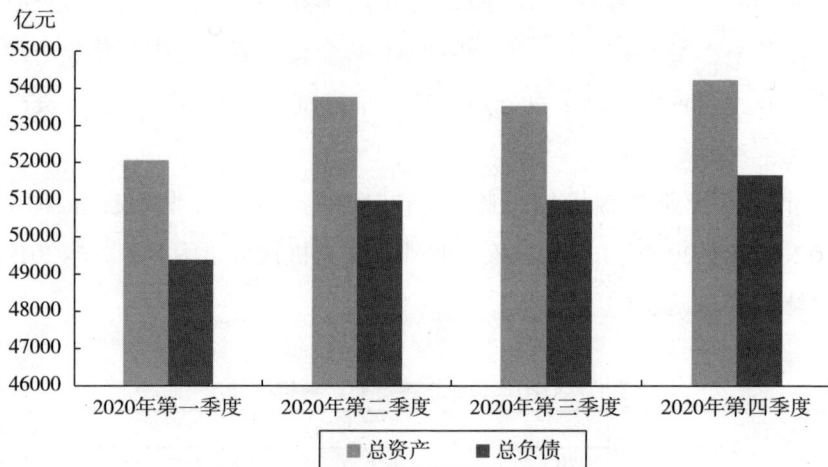

图1　2020年天津市银行业金融机构资产和负债总额变动情况
（资料来源：中国人民银行天津分行）

2.存款量速齐升 贷款量速趋稳

2020年，天津市本外币存款总量与增速均提升，其中住户存款仍保持快速增长势头。截至2020年末，天津市金融机构（含外资）持有本外币各项存款3.4万亿元，较上年同比增长7.41%，增速提升4.8个百分点，比年初增加2356.2亿元。其中，住户存款余额较上年同比增长17.4%，增速高出各项存款增速10.0个百分点，比年初增加2228.7亿元。住户存款中结构性存款与年初相比减少574.2亿元，大额存单和外币各项存款分别增加233.2亿元和13.6亿元（见图2、图4）。

2020年，天津市本外币贷款总量与增速均趋稳，贷款结构进一步优化。截至2020年末，天津市本外币各项贷款余额共计3.9万亿元，较上年同比增长7.52%，增速较上年提升1.52个百分点。外币各项贷款余额较上年同比下降1.4%，较年初减少2.5亿美元，同比少降41.1亿美元（见图3、图5）。

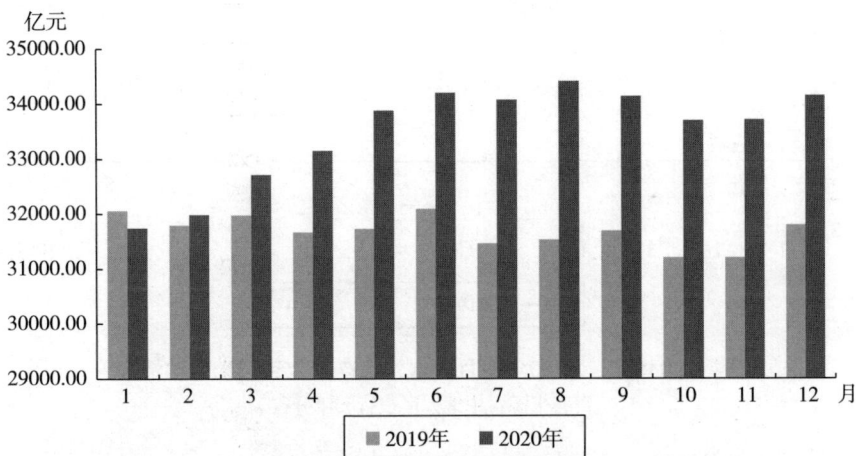

图2　2019年、2020年天津市本外币各项存款余额变动情况

（资料来源：中国人民银行天津分行）

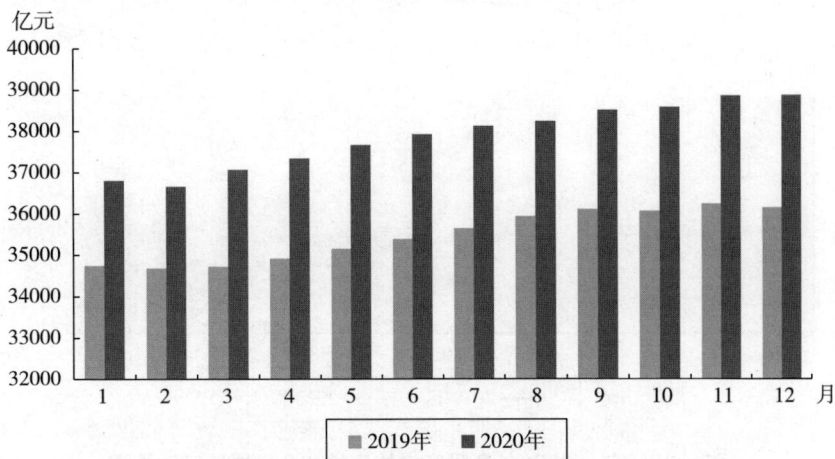

图3　2019年、2020年天津市本外币各项贷款余额变动情况

（资料来源：中国人民银行天津分行）

%

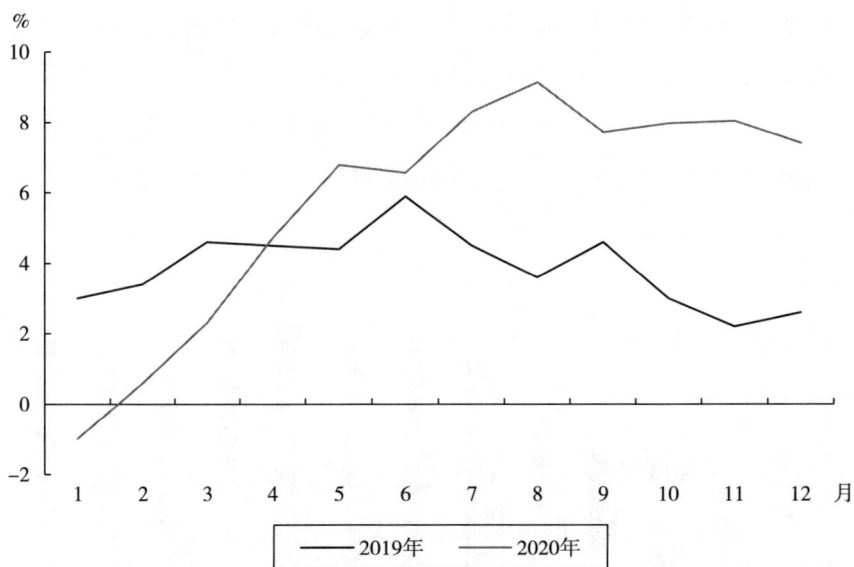

图4 2019年、2020年各月底本外币存款余额同比变动情况

（资料来源：中国人民银行天津分行）

%

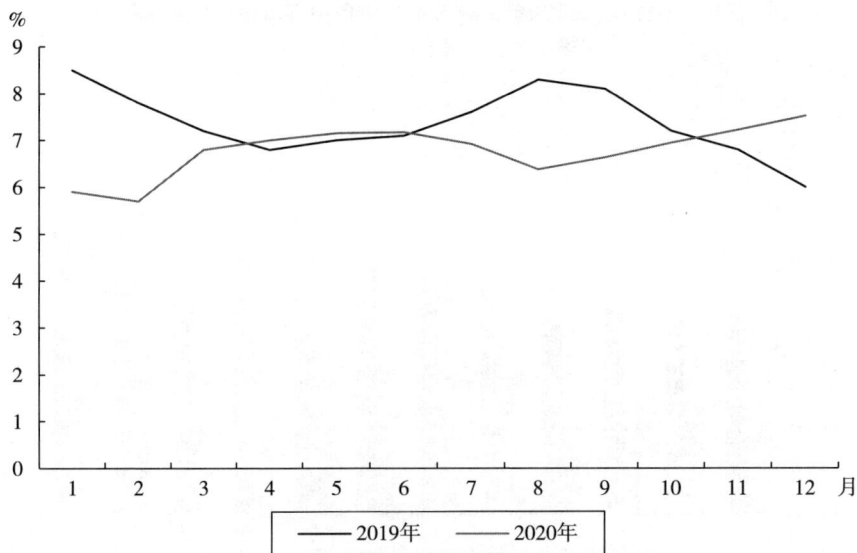

图5 2019年、2020年各月底本外币贷款余额同比变动情况

（资料来源：中国人民银行天津银行）

2020年，天津市积极发挥结构性货币政策工具和信贷政策的作用，进一步优化信贷结构。截至2020年末，天津市普惠小微人民币贷款余额为2009.7亿元，同比增长45.5%，较年初新增678.3亿元，同比多增282.6亿元；私人控股企业贷款余额为5389.1亿元，同比增长9.6%，余额占全部企业贷款的20.9%，较上年提升0.6个百分点；制造业贷款余额为2628.3亿元，同比增长9.4%，其中，制造业中长期贷款余额达1038.1亿元，同比增长27.6%，较年初增长224.7亿元，同比多增208.5亿元；涉农贷款余额共计2256.0亿元，较上年同比增长16个百分点，比上年增速提升9.7个百分点；企业信用贷款余额较上年同期增长7.6%，在全部企业贷款余额中占比为27.2%，其中，1~5级地方法人银行普惠小微信用贷款额占其普惠小微贷款余额的48.7%，位居全国前列。

3. 贷款利率显著下降 LPR 改革取得积极成效

LPR 引导企业贷款利率下降效果显著。2020 年，天津市金融机构企业人民币一般贷款加权平均利率水平为4.64%，较上年回落0.49个百分点，其中，大型、中型、小微企业和普惠小微的贷款加权平均利率水平较上年同期分别回落0.57个、0.35个、0.63个和1.05个百分点，票据贴现和转贴现利率均下降，同比分别下降0.50个和0.79个百分点。地方法人银行运用再贷款资金发放的贷款加权平均利率水平为4.68%，较上年同期下降1.15 个百分点；再贴现票据贴现加权平均利率水平为 2.57%，较上年同期下降0.59个百分点。

4. 不良贷款率有所上升　关注类贷款实现双降

截至2020年末，天津市银行业不良贷款率达3.04%，较上年同期的2.29%上涨0.75个百分点，较年初上涨0.77个百分点。截至2020年末，天津市银行业金融机构持有的关注类贷款余额、关注类贷款率均较上年有所下降，天津市银行间市场债券违约率低于全国水平（见图6）。

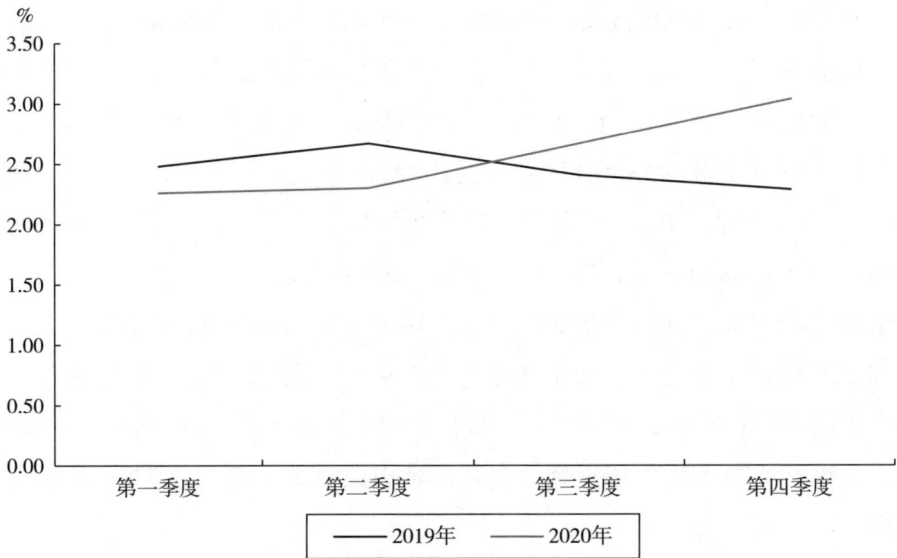

图6　2019年、2020年天津市银行业不良贷款率变动情况

（资料来源：中国人民银行天津分行）

5. 人民币跨境收付量回升 企业积极参与跨境业务

人民币跨境收付量止降回升，企业积极参与跨境业务。2020年，天津市人民币跨境收付共计2148.6亿元，较上年同比增长18.0%。其中，跨境收入为996.9亿元，较上年同比增长15.3%；跨境支出为1151.7亿元，较上年同比增长20.4%。经常项目下，人民币跨境收付为1295.6亿元，同比增长2.9%；资本项目下，人民币跨境收付为853.0亿元，同比增长51.5%。境内主体参与积极，截至2020年末，天津市共有9060家企业开展人民币跨境业务，同比增长11.0%，结算涉及159个国家和地区，较上年增加2个国家和地区。

6. 表外业务发展分化，担保类业务下降

截至2020年末，天津市银行业金融机构所进行的担保类、承诺类、金融资产服务类、金融衍生品类等四类表外业务余额，同比增长23.7%。其中，后三类表外业务分别增长100.3%、8.2%和19.7%；担保类表外业务同比下降3.7%。

（二）法人机构发展情况

天津银行、渤海银行、天津农村商业银行、天津滨海农村商业银行、天津金城银行作为天津本地银行机构，2020年，克服新冠肺炎疫情影响，顶住营业收入增长压力，圆满完成了疫情防控、服务实体经济和自身可持续经营发展的任务目标。

1.天津银行发展情况

资产负债总额和增速均提升。截至2020年末，天津银行资产总额为6877.6亿元、负债总额为6338.1亿元，较上年分别增长2.7%和2.5%，增速分别提升1.2%和1.5%。

贷款端投放力度加大，存款端提质增效明显。在存款方面，天津银行支持实体经济力度进一步加强，报告期末，客户贷款及垫款净额为2957.5亿元，同比增长5.2%，其中，中长期制造业贷款同比增长25%；优化普惠金融服务渠道，为2万余名小微客户累计发放贷款约77.3亿元，利率最低可至3.95%，实现金融服务精准滴灌。在存款方面，天津银行多渠道降低融资成本，付息负债平均付息率下降43个基点，直接提升本行盈利空间；加大存款营销力度，客户存款余额同比增长1.4%，为3559.8亿元，客户存款平均付息率较同期下降38个基点。

整体收入水平显著增长。2020年，天津银行实现营业收入172.0亿元，同比增长0.8%，利润较上年的46.1亿元下降5.8%，为43.4亿元。

息差利差双升。天津银行净息差为2.26%，同比增长0.05个百分点，净利差为1.98%，同比增长0.1个百分点，实现息差利差双升。

主要经营业务表现良好，净利息收入上升。天津银行实现净利息收入136.5亿元，较上年同比增长3.2个百分点；投资收益累计实现17.4亿元，较上年同比增长21.6%；手续费及佣金收入达23.1亿元，较上年同期增长2.0个百分点。

持续推动收入结构优化工作，收入结构更加均衡。天津银行大力发展个人业务和资金营运业务，优化公司业务发展模式，2020年，在营业收入结构中，公司银行占比为36.4%，较2019年下降1.5个百分点，较2018年下降22.2个百分点；个人银行占比为38.1%，较2019年提升0.9个百分点，较2018年提升19.4个百分点。

不良贷款率上升，不良贷款处置力度加大。受新冠肺炎疫情及部分客户偿债能力减弱影响，2020年天津银行不良贷款率为2.16%，较上年同比增长0.18%；天津银行积极响应监管机构号召，加强对不良贷款的处置力度，利用拨备核销及转拨不良贷款的规模较2019年同比增长94.8%，导致拨备覆盖率下降至183.45%。

加大风险管理力度，发展与风控两手抓。2020年，天津银行继续加强全面风险管理体系建设，完善风险控制，继续推进综合全面风险管理体系建设，以遵守相关监管规定，降低与整体经济形势不稳定相关的风险，确保业务的可持续发展。同时，天津银行致力于维护风险与回报的平衡，在保证严控风险和资产质量的基础上实现了灵活性和业务创新。

债券发行余额与债券平均付息率同降。截至2020年末，天津银行已发行债券的平均余额为1090.7亿元，较2019年的1355.0亿元同比下降19.5%。已发行债券的利息支出由2019年的52.8亿元下降25.1%，截至2020年12月31日为38.8亿元。已发行债券的平均付息率由截至2019年12月31日的3.82%减少27个基点，截至2020年12月31日为3.55%。已发行债券的平均余额减少，主要是由于该行减少相应负债规模。天津银行已发行债券的平均付息率下降，主要是由于市场利率水平下降。

发挥金融抗疫功能，全力保障经济秩序。面对新冠肺炎疫情带来的不利影响，天津银行第一时间向社会公布支持疫情防控保障金融服务的七项举措，用优质高效的金融保障措施助力疫情防控工作；联合国家开发银行天津分行共同提供60亿元紧急融资，开通防疫物资生产企业贷款绿色审核通道，在危急时刻全力支持疫情防控相关企业的有序运行，为医用酒精、新冠病毒核酸检测试剂盒等抗疫关键物资的生产，以及雷神山医院项目的建设奉献力量。

营造惠商利企服务高地，打造融资成本洼地。新冠肺炎疫情暴发后，天津银行借助金融科技手段，持续加大线上无接触式贷款产品应用推广，为小微企业持续提供不间断的金融服务。天津银行依托大数据支持，提升全面风控能力，推出可实现线上秒申秒贷的"天行用呗"产品，利率最低至3.95%，切实减轻企业负担。在疫情防控进入常态化阶段后，天津银行针对辖内小微商户的经营特点和面临的实际困难，与合作伙伴共同打造以扶持小微商户为核心的"小二生活"服务平台项目，构建起惠民利民的优质移动支付生活圈，在全力帮助受到新冠肺炎疫情冲击的企业恢复元气的同时，也为百姓提供了切实的消费优惠。截至2020年12月31日，"小二生活"服务平台已实现6600.83万笔交易，带动天津地区中小微商户实现交易70.98亿元，为消费复苏按下了"快进键"，实现惠民、惠商、惠银的多方共赢。

以科技赋能金融，建设数字化的卓越体验银行。2020年，在"转型+创新"战略的引领下，天津银行持续推进线上、线下的智能化改造，着力从客户需求入手大力推进科技与业务的深度融合。倾心打造集人文、科技、体验于一体的线下服务，持续实施三年滚动网点提升改造工作，"智能化旗舰型网点"协通支行正式对外营业。与此同时，不断完善线上渠道服务功能及体验，丰富以客户需求为中心的线上金融产品线，引入智能客服机器人，不断提升消费者满意程度。以"上天入地"的多维度服务模式为客户提供更人性化、集成化、便捷化的服务。

2. 渤海银行发展情况

资产规模快速增长，存款规模同步提升。截至2020年末，渤海银行持有资产1.4万亿元，较上年同比增长24.76%。表内贷款业务增速提升，共计发放贷款和垫款8671.20亿元，较上年同比增长26.17%。持有负债1.3万亿元，较上年同比增长24.75%，其中吸收存款7582.36亿元，较上年同比增长17.05%，存贷款规模均实现快速增长。

零售业务快速发展，零售转型战略初见成效。截至2020年末，渤海银行零售业务不断创新转型，以金融科技和生态场景建设为主要抓手，业务取得快速发展。截至2020年末，渤海银行持有零售贷款3103.72亿元，较上年同比增长32.97%，高出全部贷款增速近8个百分点，余额占比提升到34.97%；零售存款年末余额为1019.42亿元，成功突破千亿元大关，年内实现增长额为497.96亿元，增速达95.49%。

资产质量相关指标保持稳定。截至2020年末，渤海银行总计持有不良贷款157.14亿元，不良贷款率为1.77%，下降0.01%。贷款减值准备为249.53亿元，非债券投资减值准备为97.34亿元。贷款拨备率为2.81%，拨备覆盖率为158.80%，资产质量稳定，拨备指标符合监管要求。

积极践行社会责任，盈利能力稳中有升。自新冠肺炎疫情暴发以来，中央出台多项金融政策号召金融机构让利实体经济，并通过下调LPR引导市场降低企业融资成本。渤海银行认真落实中央经济金融政策，大力支持实体经济，主动让利，扶助企业渡过难关。一是对因新冠肺炎疫情而受困的企业和个人，通过提供疫情专项优惠利率贷款、减免手续费等政策，帮扶客户渡过难关；二是全力做好普惠小微企业服务工作，通过投放、展期、续贷等形式积极支持实体企业复产复工；三是报告期内通过红十字会进行捐赠，为抗疫贡献力量，积极履行全国性股份制商业银行的社会责任；四是报告期内渤海银行防疫支出约3000万元，保障业务正常开展及员工安全。上述情况在一定程度上对渤海银行提升盈利水平带来压力，但同时政府出台的一系列刺激政策，在一定程度上会抵消疫情带来的不利影响，对财务状况产生积极作用。

3. 天津农村商业银行发展情况

资产负债规模总量和增速均大幅提升。截至2020年末，天津农村商业银行资产规模为3495.96亿元，较上年的3196.83亿元增长9.4%，增速较上年提升8.6个百分点；各项贷款余额为1817.52亿元，较上年增长17.7%，增速提升6.8个百分点。负债规模为3199.25亿元，较上年的2905.77亿元增长10.1%，一扭上年负增长趋势，各项存款余额为2352.09亿元，较上年增长7.8%，增速较上年提升3个百分点。

经营业绩受经济下行和新冠肺炎疫情叠加影响有所下降。2020年，天津农村商业银行营业收入为76.49亿元，较上年同比下降11.4%；利润总额为

29.11 亿元，较上年同比下降10.7%。总资产收益率为0.68%，净资产收益率为7.69%，成本费用控制在预算范围内。

主要监管指标持续达标。2020年，天津农村商业银行资本充足率为15.25%，拨备覆盖率为154.86%，不良贷款率为2.42%，流动性比率为48.85%。

全力支持小微企业，将支持天津本地实体经济发展落到实处。2020年，中央银行直达实体的货币信贷政策出台后，天津农村商业银行积极谋划布局，在坚决执行延期还本付息政策的基础上，明确以扎实做小为主要目标，把支农支小作为全行工作重点，因地制宜开展普惠小微信用贷款工作，持续推进各项惠民惠企政策措施落实落细，进一步将金融资源向"三农"和小微企业引流，切实将支持天津本地实体经济发展落到实处。截至2020年末，天津农村商业银行实现小微企业贷款余额大幅增加，达717.67亿元，其中，普惠型小微企业贷款余额增速最高，较年初增长74.21%，为254.15亿元。持有贷款余额的户数也较年初大幅增加至18972户。当年发放的普惠型小微企业贷款平均利率为5.27%；年末普惠型小微企业贷款不良率为1.57%。

立足社区，服务"三农"，支持中小企业发展。2020年，在全市统筹推进疫情防控和经济发展的关键时期，天津农村商业银行始终秉承"立足社区，服务'三农'，支持中小企业发展"的服务宗旨，把支农支小支持实体经济发展作为业务开展的基本立足点，认真贯彻落实中央一号文件和各项监管要求，用足用好中央金融政策，坚决扛起政治责任和社会责任，充分发挥了支持天津市"三农"发展金融主力军作用。截至2020年末，天津农村商业银行发放涉农贷款共计244.83亿元，较年初增长26.63%，领先辖内17家法人银行，增速高于天津市平均水平和全国平均水平。发放普惠型涉农贷款共计81.82亿元，较年初增长1倍有余，普惠型涉农贷款余额在辖内17家法人银行中位列第一位，增速高于天津市平均水平59.94个百分点，约为全国平均水平的6倍。全年累计发放涉农贷款171.99亿元，较上年多投放62.67亿元。

4.天津滨海农村商业银行发展情况

资产负债规模大幅增加。截至 2020 年末，天津滨海农村商业银行持有资产、负债分别为1915.07 亿元和1759.8亿元，较年初分别增长16.72%和18.31%。

贷款突破千亿元大关，存款实现大幅增加。天津滨海农村商业银行持有各项贷款共计1001.76 亿元，较年初增长17.53%；各项存款余额为1402.99 亿元，较年初增长26.84%。

经营业绩良好。2020年，天津滨海农村商业银行实现营业收入 24.64亿元，较上年同期增长 4.68%；拨备前利润为11.08亿元，同比增长 10.25%；计提资产减值准备 7.95 亿元，比上年多提高3.31 亿元，增幅为71.40%，风险抵补能力进一步增强；实现净利润 2.11亿元。

抵御风险能力较好。天津滨海农村商业银行不良贷款率为2.08%，流动性比例为53.64%，较上年同期增长25.36%，资本充足率为13.65%，核心一级资本充足率为10.02%，拨备覆盖率为130.96%，主要监管指标均满足监管要求。

坚持服务实体经济的初心，围绕专业化、特色化发展公司业务，从重点客户营销、重点产品创新、重点人员管理等方面着手，在管理、风控、客户、服务、存款方面加大力度。截至2020年末，天津滨海农村商业银行贷款余额为 750.37 亿元，较年初增加 64.53 亿元。普惠金融领域成绩显著，发放普惠小微贷款41.21 亿元，较年初增长112.57%，比各项贷款增速高出近一倍，比全国平均增速高出2.6 倍；户数达1609 户，较年初增加 379 户；发放涉农贷款共计90.63 亿元，其中，普惠型涉农贷款为8.35 亿元，较年初增长79.62%。

积极推进跨越式发展零售业务的经营战略。在个人负债方面，天津滨海农村商业银行围绕"调结构、降成本、增规模"，夯实个人存款基础。报告期末，个人存款余额为996.12亿元，较年初增加312.56亿元，连续三年增量突破百亿元，个人存款增量全市排名第二位。在个人资产方面，天津滨海农村商业银行围绕"扩规模、控质量、增收益"，大力发展个人贷款业务。报告期末，个人贷款余额为250.49亿元，较年初增加84.99亿元。

5. 天津金城银行发展情况

资产负债规模有所降低，资产负债结构持续优化。2020年末，天津金城银行共持有资产256.44亿元，较年初下降16%。其中，各项贷款总额为143.38亿元，投资业务总额为48.75亿元，存（拆）放同业款项余额为28.18亿元。2020年末，天津金城银行负债总额为221.22亿元，较年初减少51亿元，减幅为19%。其中，一般性存款余额为194.86亿元，同业存（拆）放款项余额为6.65亿元。

疫情冲击导致经营业绩承压。2020年，天津金城银行实现营业收入5.78亿元，主要为利息净收入，较上年减少1.59亿元，同比下降27.5%。报告期内，利润总额为0.34亿元，较上年减少1.93亿元；净利润为0.43亿元，较上年减少1.27亿元。

持续优化资产负债结构，疫情冲击经营承压。在资产方面，天津金城银行以"结构调整和风险防范"为主线，提高优质小微企业和民营企业贷款和优质流动资产比例，不断优化资产结构；在负债方面，积极巩固存款业务发展基础，充实资金来源渠道，为资产业务和流动性风险管理提供保障。截至2020年末，天津金城银行持有贷款和垫款（含贴现）139.83亿元（扣除减值准备后净额），占资产总额的54.53%。截至报告期末，天津金城银行吸收存款194.86亿元，占负债总额的88.08%。

积极践行社会责任，支持实体经济，服务小微企业。2020年，在新冠肺炎疫情防控常态化下，天津金城银行以安全稳健运营为前提，深耕细作，不断加强市场和客户深度挖掘；积极运用货币政策工具，开展普惠信用贷款信贷支持计划、专项支小再贷款业务，降低资金成本；丰富产品种类及合作渠道，优化个人存款产品结构，增强合规性；加大同业存单发行，多渠道满足资金需求。2020年，受新冠肺炎疫情影响，实体经济受到较大冲击，天津金城银行积极贯彻和落实党中央、国务院关于统筹推进新冠肺炎疫情防控和经济社会发展工作的决策部署，根据中国银保监会、中国人民银行等部门发布的文件精神和要求，继续将服务天津实体经济作为当前经营管理工作的出发点和落脚点，以扎实的工作落实金融支持复工复产政策、稳企业保就业政策，践行社会责任，助力天津市疫情防控和经济社会发展"双战双赢"，提升金融对实体经济的服务质量和效率。截至2020年末，天津金城银行共为534户客户办理延期还本付息，延期本息合计22.02亿元。普惠型小微企业贷款"两增"全面完成，截至2020年12月底，普惠型小微企业贷款15.81亿元，增幅为79.78%，普惠型小微企业贷款户数为14939户，增幅为101.47%。

二 天津证券业金融机构发展状况

2020年，天津市各类证券业机构稳定发展，经营风险基本可控，法人证券公司、法人基金公司、法人期货公司的资产规模均呈现增长势头。法人证券公司持有资产共计592.5亿元，较上年同期增长15.4%，增速较上年提升8.9%，实现净利润较上年回落1.8亿元。法人基金公司资产总额同比增长15.0%，管理基金净值较上年同期增长12.9%。法人期货公司持有资产较上年同期增长47.2%，代理交易额较上年同期增长31.5%（见表2）。

表2 2020年天津市证券业金融机构基本情况

项目	数量
总部设在辖内的证券公司数（家）	1
总部设在辖内的基金公司数（家）	1
总部设在辖内的期货公司数（家）	6
年末国内上市公司数（家）	60
当年国内股票（A股）筹资（亿元）	230
当年发行H股筹资（亿元）	0
当年国内债券筹资（亿元）	4158
其中：短期融资券筹资额（亿元）	1330
中期票据筹资额（亿元）	419

资料来源：天津证监局、中国人民银行天津分行。

（一）证券业整体情况

1. 法人证券公司

截至2020年末，天津市辖内共有证券公司1家，证券分公司35家，较上年末减少2家；辖内证券营业部150家，较上年末增加3家（见图7）。

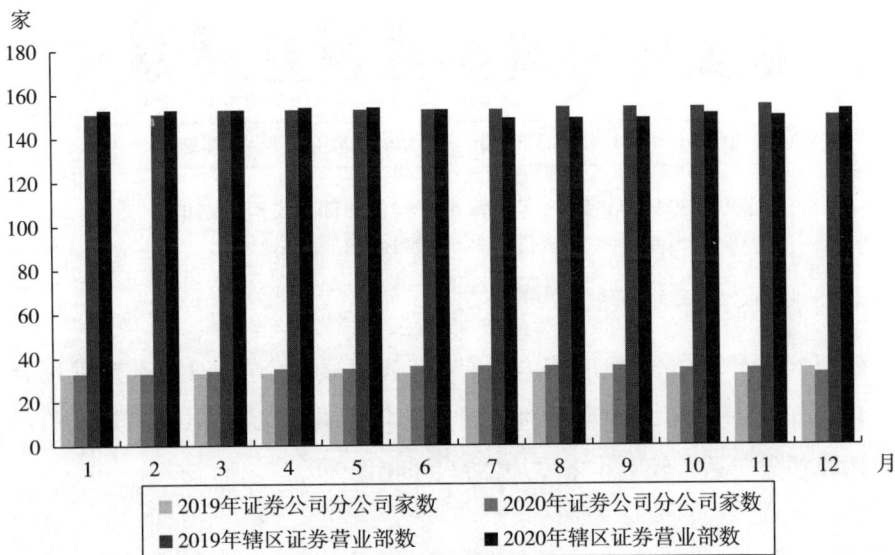

图7　2019年、2020年天津市证券业机构基本情况
（资料来源：天津证监局）

法人证券公司资产负债规模扩大、增速提升，经营风险可控。2020年，法人证券公司持有资产总额592.5亿元，较上年同比增长15.4%，增速较上年提升8.9%；持有负债总额388.7亿元，较上年同比增长25.2%，增速较上年提升15.6%。全年累计实现净利润达8.2亿元，较上年减少1.8亿元。截至2020年末，法人证券公司的风险覆盖率和净稳定资金率分别较监管预警标准有大幅度提高。

天津辖内证券营业部资产规模扩大，利润也实现提升。2020年末，天津辖内证券营业部总资产为237.58亿元，同比增加65.18亿元，净利润累计实现2.85亿元，较上年提升2.9倍（见图8）。

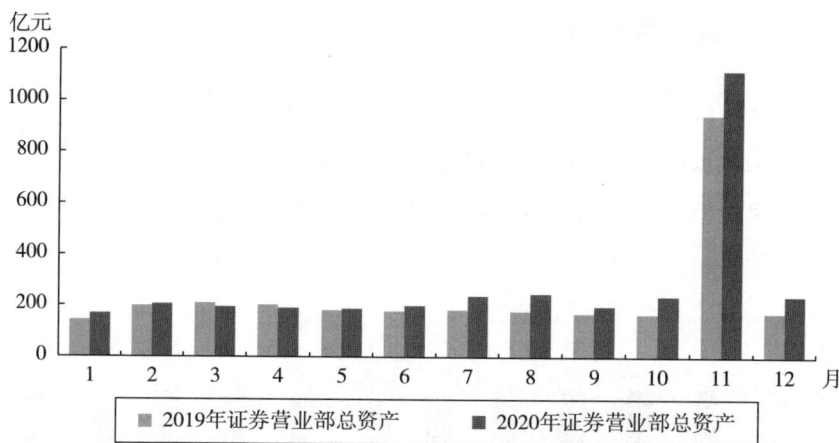

图8　2019年、2020年天津市证券营业部总资产变动情况

（资料来源：天津证监局）

2.法人基金公司

截至2020年末，天津市辖内共有1家基金管理公司、1家基金管理分公司、470家已登记的私募基金管理人，较上年末减少4家；共持有1980只已备案的私募基金产品，较上年末增加287只（见图9）。

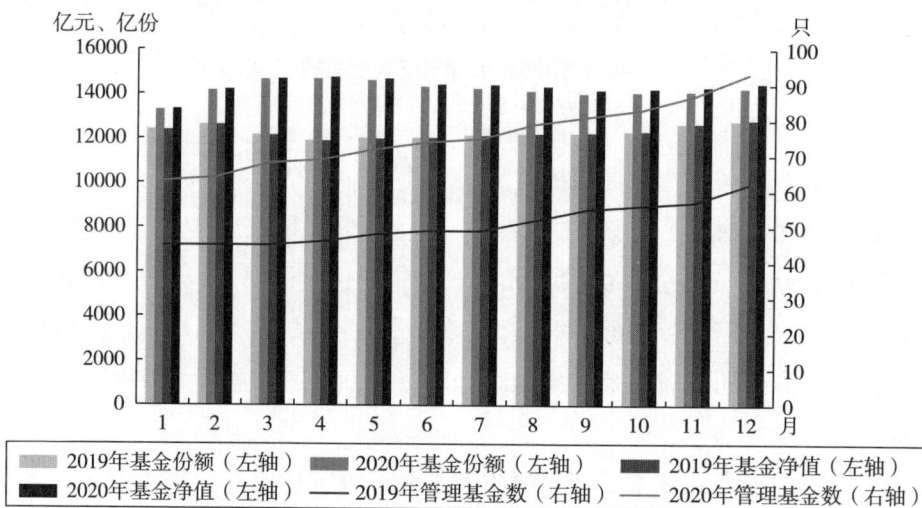

图9　2019年、2020年天津市基金公司基本情况

（资料来源：天津证监局）

　　法人基金公司业务规模扩大，基金净值增长。天津市法人基金公司资产总额为146.6亿元，同比增长15.0%；负债总额为18.8亿元，同比增长2.2%。2020年末，法人基金公司管理基金93只，较上年末增加31只，基金净值为14475.8亿元，较年初增加1469.3亿元，同比增长12.9%。

　　3.法人期货公司

　　截至2020年末，天津市共有法人期货公司6家，辖区期货分公司5家，较上年同期增加1家；辖区期货营业部28家，较上年同期减少2家，期货交割库数60家，较上年同期增加8家。

　　法人期货公司资产规模实现快速增长，代理交易规模增势不升反落。截至2020年末，天津市的6家法人期货公司共计持有资产202.0亿元，较上年同期增长47.2%；代理交易额达9.7万亿元，较上年同比增长31.5%，增速回落35.2%；代理交易量为15392.2万手，较上年同比增长28.9%，增速回落42.6%。

　　期货营业部代理交易规模大幅提升。截至2020年末，天津市期货营业部的代理交易额和代理交易量分别高达3775.25亿元和596.44万手，较上年同期分别增长59.0%和43.1个百分点（见图10）。

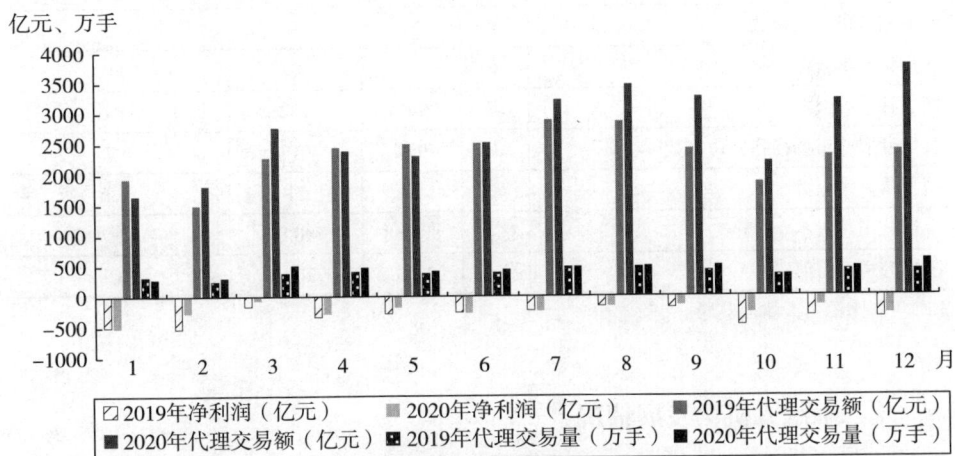

图10　2019年、2020年天津市期货营业部基本情况

（资料来源：天津证监局）

4. 上市公司数量和总市值方面

截至2020年末，天津市上市公司共有60家，较上年同期增加6家，其中，A股公司5家，AH股公司1家，包括上海证券交易所上市公司1家、创业板上市公司3家、科创板上市公司2家。此外，新三板挂牌公司数量由上年的162家降至148家。区域性股权市场挂牌公司数量自上年同期的913家增加至974家，拟上市公司数量自上年同期的21家增加至27家。除此之外，截至2020年末，天津市上市公司总股本达883.68亿股，上市公司的总市值达9230.87亿元，较同期分别增长11.7%和28.1%（见表3）。

表3　天津市上市挂牌公司基本情况

指标名称	单位	当期值	上年同期值	同比变动比例（%）
上市公司家数	家	60	54	11.1
其中：A股公司家数	家	54	49	10.2
AB股公司家数	家	1	1	0.0
AH股公司家数	家	4	3	33.3
AS股公司家数	家	1	1	—
其中：上海证券交易所上市公司家数	家	28	27	3.7
深圳证券交易所主板上市公司家数	家	8	8	—
中小板上市公司家数	家	9	9	—
创业板上市公司家数	家	11	8	37.5
科创板上市公司家数	家	4	2	100.0
新三板挂牌公司家数	家	148	162	−8.6
区域性股权市场挂牌公司家数	家	974	913	6.7
拟上市公司家数	家	27	21	28.6
上市公司总股本	亿股	883.68	790.85	11.7
上市公司总市值	亿元	9230.87	7208.4	28.1

资料来源：天津证监局。

（二）法人机构发展情况

1. 资产负债规模

截至2020年末，渤海证券股份有限公司（以下简称渤海证券）持有资产

610.28亿元，其中，客户交易结算资金共计72.6 亿元，自有资产总额为537.68 亿元。金融资产账面价值为497.88 亿元，占总资产的81.58%；货币资金和结算备付金占比为15.47%，货币资金和金融资产占比较大，资产流动性良好。

截至2020年末，渤海证券持有负债403.43 亿元，其中包括卖出回购金融资产款180.51亿元、应付债券66.56 亿元、应付短期融资款63.68 亿元、交易性金融负债7.82 亿元，还包括衍生金融负债、应付职工薪酬、应交税费及应付款项和递延所得税负债等。

2. 经营业绩和综合竞争力稳步提升

2020年，渤海证券营业收入共计30.13 亿元，其中占比最大的为自营证券投资业务，占比为 54.15%；证券经纪业务占比为19.24%；信用业务占比为9.91%；受托资产管理业务占比为 8.90%；投资银行业务占比为 5.15%。前三类业务营业收入占比有所增加，投资银行业务营业收入占比减少（见图11）。

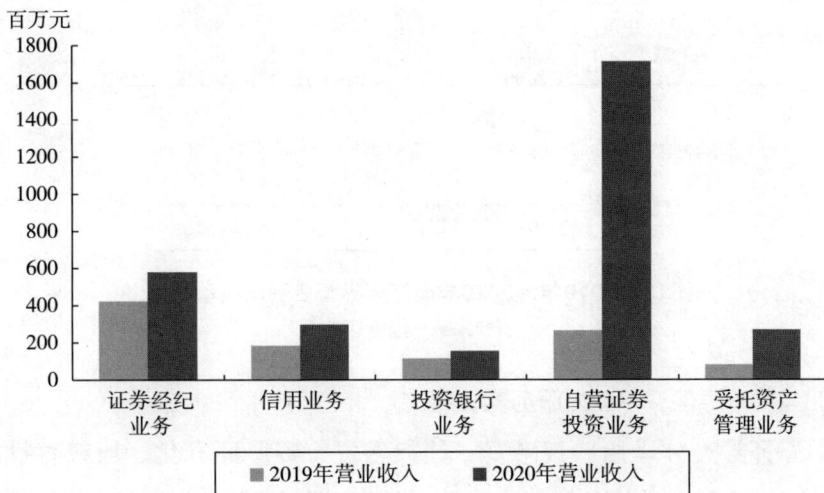

图11　2019年、2020年渤海证券营业收入变动情况
（资料来源：渤海证券）

2020年，渤海证券营业利润共计19.45 亿元，营业利润率为 64.54%。自营证券投资业务在其中占比最高，达74.43%，与上年相比对营业利润的贡献

进一步增加。受托资产管理业务营业利润占比为 9.58%；证券经纪业务营业利润占比为 8.08%；信用业务营业利润占比为 5.88%；投资银行业务营业利润占比最小，为 2.03%。2020 年渤海证券营业利润结构与 2019 年相比变化明显，主要体现在受托资产管理业务占比显著提升、自营证券投资业务和证券经纪业务占比进一步上升，投资银行业务占比显著下降、信用业务占比进一步减少四个方面（见图12）。

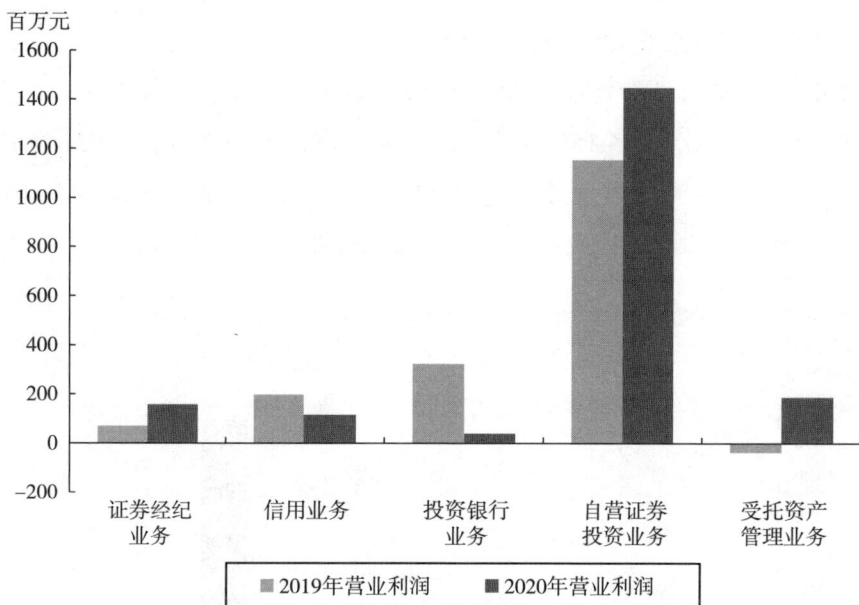

图12 2019年、2020年渤海证券营业利润变动情况
（资料来源：渤海证券）

3.强化本源意识，全力服务实体经济

渤海证券充分运用股权融资、债权融资、资产证券化、股权直投等手段，不断提升服务实体经济能力。一是债权融资规模稳步扩大。累计承做发行债券和企业债券22只，发行规模为248亿元，其中为天津本地企业发行债券11只，融资规模为115亿元，增强了金融市场对天津发展的信心。二是投行股权融资业务实现飞跃。完成胜蓝科技的主承销业务，成功实现IPO；无锡贝斯特可转债项目在深圳证券交易所创业板成功上市，成为首批按照注册制程序发行并从中国证监会平移至深圳证券交易所的可转债；另有两单IPO项目正在申报审核。三是资产证券化业务创新提速。创新推出储架融资租赁ABS项目，实现对有形动产和无形资产全类型涵盖，并作为财务顾问为文科租赁知识产权证券化项目实现融资。四是股权投资业务成长迅速。成功落地募集规模为5亿元的博弘股权投资基金；完成投资金额为9702万元；储备股权直投项目丰富，主要布局在计算机、软件和信息技术服务业、医药制造业等领域。

4. 做好驻村帮扶，如期完成扶贫任务

渤海证券统筹安排120多万元帮扶资金，积极推进驻村帮扶组做好美丽乡村建设工作，完成了1100多棵海棠树种植工作，改造厕所近300座，持续做好危房改造和道路硬化工作，为美丽乡村建设奠定了基础；扎实开展企村共建疫情防线，疫情期间深入宝坻区帮扶村，向村民捐赠价值1.5万元防控物资，以实际行动支持帮扶村开展疫情防控。大力开展困难群体帮扶，加强对村内最低生活困难群体的实时监测及动态管理，组织村民参加免费体检、社会医疗保险缴费等工作，用好帮扶资金，开展年节走访慰问困难户活动，共走访慰问困难户18家，发放慰问金1.9万元。通过三年的不懈努力，37个帮扶项目全面落地，73项考核指标全部完成，结对帮扶的三个村党支部全部创建为"五好党支部"，顺利通过区级检查验收。

5. 强化统筹安排，全力抓好疫情防控

一是做好自身防控。渤海证券建立并坚持调度会和员工健康信息报告工作机制，主动沟通客户，开通网上业务渠道，建立了非现场的业务办理途径，确保了从2020年2月3日起正式复工复产。二是展现使命担当。渤海证券主动捐赠防疫物资和款项，提出"三抢一通一评"策略，克服重重困难运送物资，为天津市疫情防控指挥部、中国人民解放军总医院、天津市南开区、天钢气体等作出积极贡献；依托投资者教育服务站，组建"渤海先锋"党员志愿服务队深化社区合作，与驻地街道社区开展"共建疫情防线"活动，向对口帮扶的天津市宝坻区大口屯镇3个村提供防疫物资；全体党员自愿捐款近11万元，充分展现国有企业在关键时刻冲得上、顶得住的使命担当。三是助力复工复产。渤海证券积极发挥金融国有企业职能，制定相关行动指南，加大融资服务力度，疫情期间连创国内首单优质企业债、首单创新创业疫情防控债等多个国内第一，有力推动了复工复产。

6.坚持回馈社会，保障利益相关者的合法权益

一是为股东和社会创造价值。近五年，渤海证券累计为股东分红28.17亿元，合计创造合并净利润37.49亿元，合计缴纳各类税收（包括代扣代缴税款）32.40亿元。二是认真履行投资者教育和保护主体责任，大力开展系列投教活动，成功跻身"国家级投资者教育基地"行列，建成64个"渤海证券·社区投资者教育服务站"，取得了良好的社会效益。三是坚持以人为本的理念，关爱员工成长。渤海证券制定出台了《渤海证券工会帮扶资金使用管理实施细则》，健全职工的保障服务体系，为困难职工建立梯度帮扶机制。

三　天津保险业金融机构发展状况

（一）保险业整体情况

天津市保险公司资产总额为1763.0亿元，同比增长13.9%，较上年提升8.4个百分点。实现保费收入高达672.1亿元，较上年同期增长8.8%，其中，在财产险公司的保费收入中，非车险业务占比较上年同期提升3.9个百分点；对于人寿险公司，普通寿险占比较上年同期提升3.7个百分点。赔款和给付支出同比增长6.3%。

1.经营主体小幅增加，资产规模增长加快

截至2020年末，天津市共有法人保险公司7家、省级分公司70家，较上年增加1家。保险公司在天津分支机构持有资产共计1763.0亿元，较上年同期增长13.9%，增速提升8.4%。其中，财产险公司持有资产为142.3亿元，较上年同期增长8.5%；人寿险公司持有资产共计1620.7亿元，较上年同期增长14.3%（见表4）。

表4　2019年、2020年天津市保险业基本情况

项目	2020年数量	2019年数量	同比变动
总部设在辖内的保险公司数（家）	7	6	1
其中：财产险经营主体（家）	2	2	0
寿险经营主体（家）	5	4	1
保险公司分支机构（家）	70	69	1
其中：财产险公司分支机构（家）	28	28	0
寿险公司分支机构（家）	42	41	1

资料来源：天津证监局、中国人民银行天津分行。

2. 保费收入增长减弱，赔款和给付小幅增长

2020年，天津市保险业的保费收入共计672.1亿元，较上年同期增长8.8%，增速降低1.5%。其中，财产险的保费收入为164.3亿元，较上年同期增长7.9%；人身险的保费收入为507.8亿元，较上年同期增长9.1%。2020年赔款和给付支出共计168.2亿元，较上年同期增长6.3%。其中，财产险的赔款和给付支出为83.6亿元，较上年同期增长5.5%；人身险的赔款和给付支出为84.5亿元，较上年同期增长7.2%（见表5）。

表5　2020年天津市保险业经营情况

项目	2020年累计	2019年累计	同比变动（%）
原保险保费收入（亿元）	672.09	617.89	8.8
1. 财产险	164.26	152.19	7.9
2. 人身险	507.84	465.71	9.0
（1）寿险	382.33	355.27	7.6
（2）健康险	105.71	91.95	15.0
（3）人身意外伤害险	19.79	18.49	7.0
保险金额（亿元）	895558.52	546123.71	64.0
保单件数（亿件）	22092.66	13301.02	66.1
原保险赔付支出（亿元）	168.18	158.16	6.3
1. 财产险	83.64	79.29	5.5
2. 人身险	84.54	78.87	7.2
（1）寿险	50.57	48.12	5.1
（2）健康险	30.66	27.79	10.3
（3）人身意外伤害险	3.32	2.96	12.2

资料来源：天津证监局。

3.业务结构持续改善，普通寿险和非车险业务占比提升

财产保险公司非车险业务保费收入占保费收入的比重提升3.9个百分点，为38.0%，较上年同期增长22.6%，增速较车险业务快19.0%。在寿险公司保费收入中，普通寿险占比为36.7%，分红寿险占比为40.7%，其中普通寿险占比增长3.7%，分红寿险占比减少4.2%。

（二）法人机构发展情况

1.资产负债总额和增速均下降

截至2020年末，渤海财险资产总额为53.5亿元、负债总额为45.7亿元，较上年的58.0亿元和50.5亿元分别下降7.76%和1.0%，增速分别降低20.16%和24.2%。

2.经营业绩显著改观，利润实现转负为正

2020年末，渤海财险营业收入为27.1亿元，较上年同比增长8.4%；营业支出为27.1亿元，较上年同比下降8.5%；营业利润实现自2015年后首次正值，为51.2万元；净利润为750万元。

四 天津融资租赁机构发展状况

截至2020年末，融资租赁公司分别分布于全国31个省（自治区、直辖市），其中天津、广东、上海为租赁公司聚集高地。广东、上海、天津3个省市的企业总数约占全国的61.06%。自2020年以来，只有天津、广东、上海新增内资融资租赁试点，也只有天津、广东、浙江新增外资融资租赁企业（见图13）。

（一）企业规模增大，业务总量迅速提升

截至2020年末，共有2066家融资租赁公司选择将总部设立在天津，其中大部分分布在滨海新区，包括126家内资租赁公司、1928家外资租赁公司、12家金融租赁公司，与上年持平。其业务重点为航空租赁。截至2020年9月

底，全市融资租赁合同余额约为21740亿元，2020年末天津业务总量占全国的33.1%，在国内继续处于领先地位，世界占比约为7.8%。截至2020年末，按照注册资金对全国融资租赁企业进行排序，在50强排行榜中，天津渤海租赁以221.01亿元的注册资金高居榜首（见表6）。

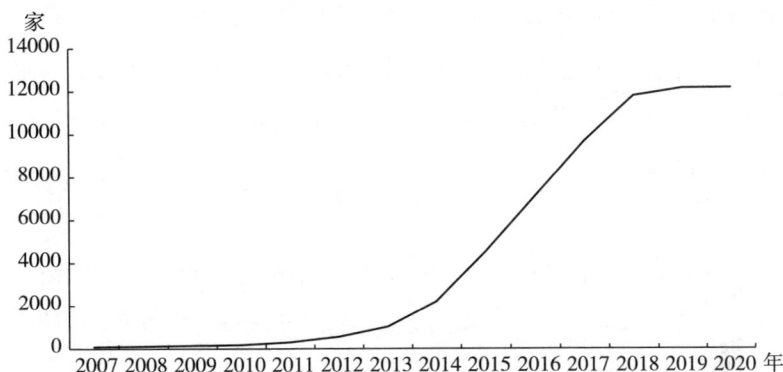

图13　2007年至2020年融资租赁企业数量

（资料来源：中国租赁联盟、租赁联合研发中心、天津滨海融资租赁研究院）

表6　2020年金融融资租赁企业10强排行榜（以注册资金为序）

企业名称	注册年份	注册地	注册资金（亿元）	2020年排名	排名较上年同期变动
天津渤海租赁有限公司	2008	天津	221.01	1	0
工银金融租赁有限公司	2007	天津	180.00	2	0
交银金融租赁有限责任公司	2007	上海	140.00	3	—
交银航空航运金融租赁有限责任公司	2014	上海	140.00	3	+11
平安国际融资租赁有限公司	2012	上海	132.41	4	−1
浦航租赁有限公司	2009	上海	126.83	5	−1
国银金融租赁股份有限公司	1984	深圳	126.42	6	−1
远东国际租赁有限公司	1991	上海	125.35	7	−1
国网国际融资租赁有限公司	2011	天津	110.76	8	
建信金融租赁有限公司	2007	北京	110.00	9	+6
中银金融租赁有限公司	2020	重庆	108.00	10	—

资料来源：中国租赁联盟、租赁联合研发中心、天津滨海融资租赁研究院。

（二）社会融资规模增加，间接融资贡献度较高

2020年，天津市社会融资规模较上年增加4508.1亿元，其中，银行业融资为实体经济提供融资新增1522.7亿元，占全部社会融资规模增量的比重较上年上升23.5%，为33.8%，银行业融资规模同比多增1228.6亿元，对社会融资规模多增量的贡献度为74.8%；直接融资规模新增1237.0亿元，同比多增253.3亿元，在全部社会融资规模占据27.4%的份额，比全国平均水平高出12.1个百分点；此外，政府债券融资规模新增达1409.1亿元，较上年同期多增489.2亿元（见图14）。

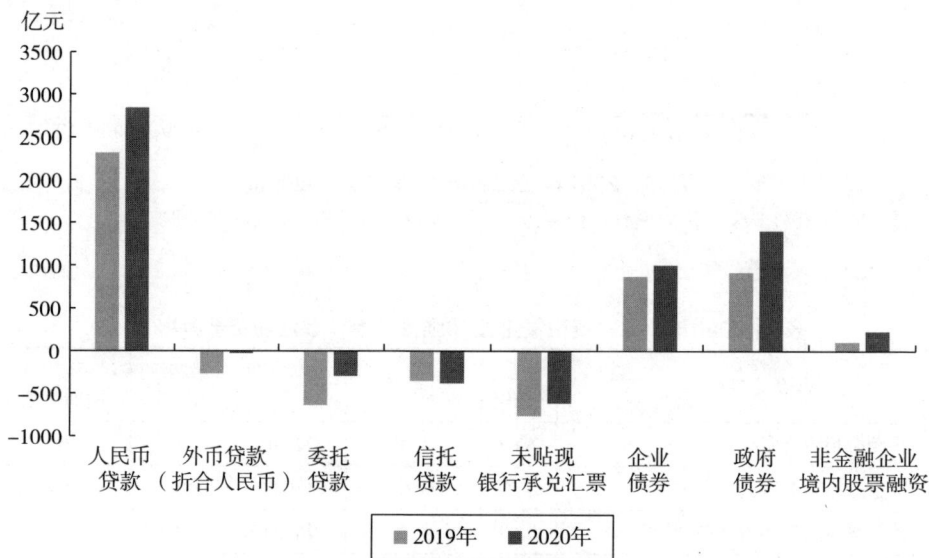

图14　2019年、2020年天津市社会融资规模变动情况
（资料来源：中国人民银行天津分行）

（三）天津市东疆保税港区租赁产业

2020年，天津自由贸易试验区10项试点经验向全国推广。天津市东疆保税港区（以下简称东疆）经营性租赁收取外币租金业务实施两项创新措施，飞机、国际航运船舶、海工平台等租赁跨境资产占全国的80%以上。

1. 产业创新方面全力突破，2020 年取得亮眼成绩

东疆在商业模式、政策功能、监管创新等方面亮点频现，创新赋能东疆租赁业取得亮眼成绩。2020年，东疆通过在政策层面、监管模式方面所进行的大力创新，产业发展得到极大支持，产业生态良好，全年总计新增281家租赁公司，新增138.3亿元规模资金，共完成163架飞机、16座海工平台、38艘国际船舶、31台飞机发动机的租赁业务。全国首单"外轮国用"业务在东疆落户，推动完成商飞ARJ21飞机创新交付；完成全国首单发动机及公务机租赁业务异地监管，国际航行船舶船用物资供应通关便利化得以实现，天津自贸区首单船舶离岸融资租赁对外债权登记顺利完成。通过将经营性租赁外币租金结汇的适用范围予以扩大，使金融租赁公司通过SPV实现开展设备租赁业务成为现实。

2. 平台经济新业态"火力全开"

平台经济作为东疆跟上经济发展新形势的重要手段，能够为产业带来新业态，同时能积极推动传统产业发展。为此，东疆致力于实现经济全平台化、探索平台经济新业态，2020年，东疆吸引诸多智慧物流、医疗健康、汽车产业、新金融、数字产业等平台经济项目落户发展。以智慧物流为例，东疆将行业面临的难点、痛点利用大数据进行实时传导，为企业获批网络货运资质提供切实帮助，使得在东疆聚集的500强网络货运项目和无船承运项目大幅提升。

此外，东疆利用新金融平台，凭借创新融资担保基金，推动商业保理、融资担保、投资基金、资产管理、保险经纪等项目落地，有效提升市场活力。

3. 在新格局下展现新作为

东疆在"十四五"开局之年，将秉持推动高质量发展的初心，继续进行改革创新，发挥天津自由贸易试验区的核心区作用，展现新作为。在天津自由贸易试验区转型升级方面，将汇聚多方力量，探索建设自由贸易港。在提升产业竞争力方面，坚定服务实体经济宗旨不动摇，将租赁业发展环境进一步提升。针对融资租赁，将全力打造具有全球竞争力的飞机、船舶租赁中

心，并在产业规模上升级加力，开发更多细分品类，实现质量国际化和专业化。

4.多措并举持续优化租赁行业融资环境

为租赁业发展升级版相关工作进行进一步优化，打造国际一流国家租赁创新示范区，东疆将重点推动融资租赁产业融资环境优化。通过进行"四大攻坚"行动，实施深化改革攻坚、产业引领攻坚、优化营商环境攻坚、治理能力提升攻坚，达到解决融资租赁产业发展中的融资问题、推动融资租赁产业高质量高水平发展的目的。

五 天津其他金融机构发展状况

（一）天津信托业金融机构发展情况

截至2020年末，全国68家信托公司管理信托资产规模为20.5万亿元，较2019年末减少1.1万亿元，连续两年规模压降万亿元以上，其中，资金信托规模压降幅度更甚于整体信托资产规模压降幅度。对资金来源进行分析，结构实现不断优化，集合信托和财产权信托规模占比呈明显上升趋势，单一资金信托规模则呈现下降趋势。在功能结构方面，在严监管的倒逼下，信托公司加速压降融资类和事务管理类业务（以通道为主的），选择加速做大投资类业务，积极转向主动管理类业务。

与此同时，随着资产规模逐步回落，信托行业净利润增速已出现连续两年下滑。2020年，信托行业小幅增收，净利润增速较上年下跌19.79%。究其原因，行业持续压降融资类和通道类业务难辞其咎。从长期来看，信托公司在回归本源过程中应将重点放在逐步压降融资类信托上。

在收益率方面，受2020年上半年宽松的货币政策及压降融资类信托规模政策影响，信托产品预期收益率下降，10月起信托收益率受货币收紧滞后影响开始探底回升。从信用风险上看，项目风险连续三年集中爆发，2021年历史风险仍在加速出清。

截至2020年末，天津市辖内信托公司从业人员数量减少6人，信托公司营业网点共持有资产148亿元，比上年增长9.6%，法人机构常年保持不变（见表7）。

表7 2018—2020年天津市信托业金融机构基本情况

年份	信托公司营业网点（个）	信托公司从业人数（人）	信托公司营业网点资产总额（亿元）	信托公司法人机构数
2018	2	435	125	2
2019	0	436	135	2
2020	0	430	148	2

资料来源：Wind数据库。

（二）天津市商业保理机构发展情况

天津市优化金融营商环境，所有商业保理审批事项办理时限压减比例均达80%。2020年，天津市金融局共完成商业保理项目审批62个，其中新设项目28个、增加注册资本22个，全市商业保理行业净增注册资本达67.3亿元，税收总额达18.77亿元。

自2020年以来，中粮集团、顺丰集团、河南交通投资集团等重点中央企业、国有企业，知名民营企业纷纷选择在天津投资设立商业保理项目，国家电网集团、美的集团、鲁商集团等重点企业旗下的商业保理项目先后增加注册资本。日前，随着天津泰达产业发展集团出资设立的天津经济技术开发区商业保理有限公司顺利落户，天津经济技术开发区商业保理公司近200家，业务余额超过1000亿元。天津市金融局将会同滨海新区金融局、天津经济技术开发区等部门落实落细各项措施，鼓励更多优质企业落户。

自商业保理监管工作转隶以来，天津市金融局积极推动行业规范健康发展，支持商业保理公司通过资产证券化等创新方式，为产业链上的中小微企业提供优质资金资源。2020年，天津市商业保理公司共发行资产证券化产品654.5亿元。同时，天津市金融局鼓励商业保理公司充分利用区块链、物联网等金融科技手段，把控交易真实性，弥补中小企业主体信用不足，进一步降低中小企业融资成本。2020年3月，天津市商业保理公司成功发行了全国首单基于交易信用的资产证券化产品。下一步，天津市金融局将在推进行业清理规范、强化监管举措、探索失联空壳企业出清的同时，继续支持鼓励纳入监管的商业保理公司在规范基础上创新发展，进一步优化行业发展环境，促进商业保理公司为中小微企业提供更好的金融服务。

（三）小额贷款公司运行情况

近几年，天津市小额贷款公司发展迅猛，在支持地方经济发展方面起到了积极作用。截至2020年末，天津市小额贷款公司由上年的95家减少至94家，实收资本较上年有所减少，从业人员达1465人，贷款余额较上年下降3.5%（见表8）。

表8　2019年、2020年全国和天津小额贷款公司运行情况比较

地区	年份	机构数量（家）	从业人员（人）	实收资本（亿元）	贷款余额（亿元）
全国	2019	7797	84783	8235.27	9240.81
	2020	7118	72172	8201.89	8887.54
天津	2019	95	1510	118.01	127.38
	2020	94	1465	115.51	122.88

资料来源：中国人民银行。

B.3
2020年天津金融市场发展报告

李向前　陈悦[*]

摘　要： 2020年，面对国内外形势复杂变化，特别是新冠肺炎疫情的严重冲击，天津市积极响应贯彻落实中央政府提出的"六稳""六保"政策，各行业全面复工复产，经济运行加速恢复，金融市场各项业务也逐步跟进。本报告从货币信贷市场、证券期货市场、保险市场和外汇市场四大方面，分析2020年天津金融市场发展状况，以及对融资租赁市场和京津冀协同发展情况作出分析，最后对未来的发展情况作出展望。

关键词： 金融市场　货币信贷　证券期货　保险　外汇　新型交易市场

　　2020年，天津市克服复杂多变的新冠肺炎疫情的强烈冲击，始终坚持以习近平新时代中国特色社会主义思想为指导，科学统筹疫情防控工作和经济社会持续发展，扎实做好"六稳"工作，全面落实"六保"任务。与此同时，天津市金融业开展金融支持疫情防控、复工复产和稳企业保就业等工作，使天津市经济稳步回升，经济结构持续优化，科技创新引领凸显，新动能加速成长，决胜全面建成小康社会取得了一系列成就。并且随着金融改革创新不断优化，为实现经济平稳高质量发展提供了有力支撑。

　　2020年，天津市实现地区生产总值14083.7亿元，较上年增长1.5%。其中，第一产业增加值为210.18亿元，下降0.6%；第二产业增加值为4804.08亿元，增长1.6%；第三产业增加值为9069.47亿元，增长1.4%。三大产业结构为1.5∶34.1∶64.4。

---

　　* 李向前，中国滨海金融协同创新中心副主任，教授，研究方向为货币政策、区域金融；陈悦，天津财经大学金融学院硕士研究生，研究方向为国际金融、货币政策。

2020年，天津市社会融资规模增量为4508.1亿元，较上年增加1641.7亿元。其中，人民币贷款为2840亿元；外币贷款、信贷贷款、委托贷款、未贴现银行承兑票据分别减少27亿元、380亿元、295亿元、614亿元；企业债券和政府债券分别增加1005亿元和1409亿元（见图1）。

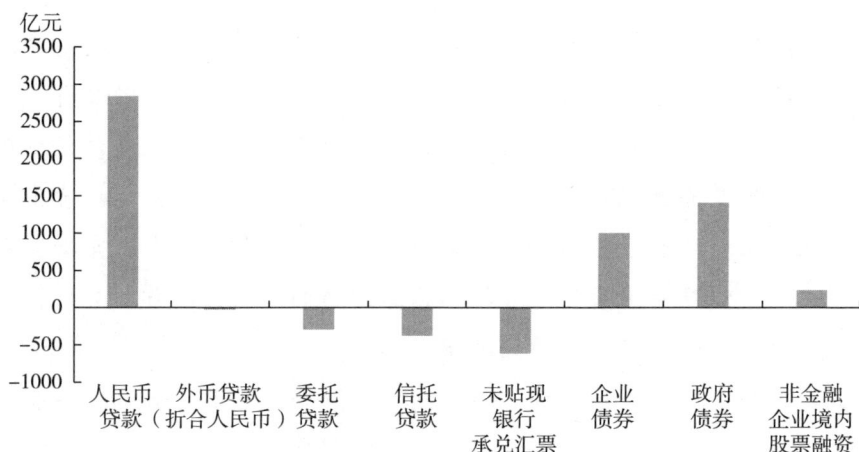

亿元
3500
3000
2500
2000
1500
1000
500
0
-500
-1000

人民币贷款　外币贷款（折合人民币）　委托贷款　信托贷款　未贴现银行承兑汇票　企业债券　政府债券　非金融企业境内股票融资

图1　2020年天津市社会融资规模分布情况
（资料来源：中国人民银行天津分行）

一　货币信贷市场发展状况

2020年，天津市存贷款余额较上年大幅增加，年末金融机构（含外资）本外币存款余额为34145.00亿元，同比增长7.41%，与年初相比，增量为2356.22亿元。其中，住户存款与年初相比的增量为2228.71亿元，较上年增量多346.83亿元；非金融企业存款与年初相比增加了233.25亿元，与上年减量相比多909.41亿元。金融机构（含外资）本外币贷款余额为38859.42亿元，与上年相比增长7.52%，较年初相比，新增值为2718.115亿元，与上年同期相比提升1.5个百分点，同比多增692.0亿元（见表1）。可以看出，天津市在2020年存款增长方面较2019年有很大提升，并且贷款规模一直保持稳定增长，表明2020年天津货币信贷市场稳步发展。

表1　2020年天津市金融机构（含外资）本外币存贷款情况

单位：亿元

指标	2020年末数	比2020年初增加
金融机构本外币各项存款余额	34145.00	2356.22
住户存款		2228.71
非金融企业存款		233.25
机关团体存款		−296.67
财政性存款		24.24
非银行业金融机构存款		135.64
金融机构本外币各项贷款余额	38859.42	2718.15
住户贷款		1066.07
企事业单位贷款		1680.87
非银行业金融机构贷款		−10.30

资料来源：中国人民银行天津分行。

（一）信贷市场

1. 存款大幅上升

截至2020年末，天津市金融机构（含外资）本外币各项存款余额为34145.00亿元，同比增长7.41%，与上年相比提升4.8个百分点。1~12月，天津市金融机构本外币各项存款较年初增加2356.22亿元，较上年同期增加值多1560.39亿元。其中，住户存款大幅增加，与年初相比增量为2228.71亿元，同比增长17.4%，增速较各项存款高10.0个百分点。非金融企业存款小幅增加，较年初增加233.25亿元，财政性存款和非银行金融机构存款分别增加24.24亿元和135.64亿元（见图2）。

2020年12月，金融机构本外币各项存款比上月底增加441.24亿元。具体来看，住户存款和非金融企业存款分别增加465.12亿元和426.28亿元，机关团体存款、财政性存款和非银行业金融机构存款分别降低79.95亿元、200.94亿元和181.32亿元。

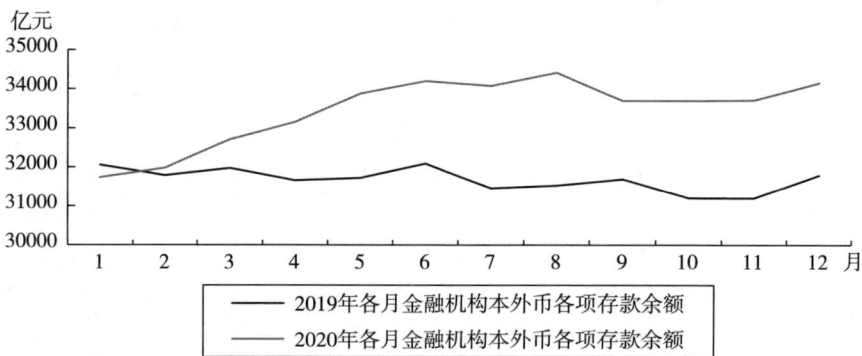

图2 2019年和2020年各月金融机构本外币各项存款余额
（资料来源：中国人民银行天津分行）

2.贷款平稳增长

2020年末，天津市金融机构（含外资）本外币各项贷款余额为38859.42亿元，同比增长7.52%，与年初相比有2718.15亿元的增量。具体来看，住户贷款和企事业单位贷款都保持持续增长趋势，与年初相比分别增加1066.07亿元和1680.87亿元，非银行业金融机构贷款减少10.30亿元（见图3）。

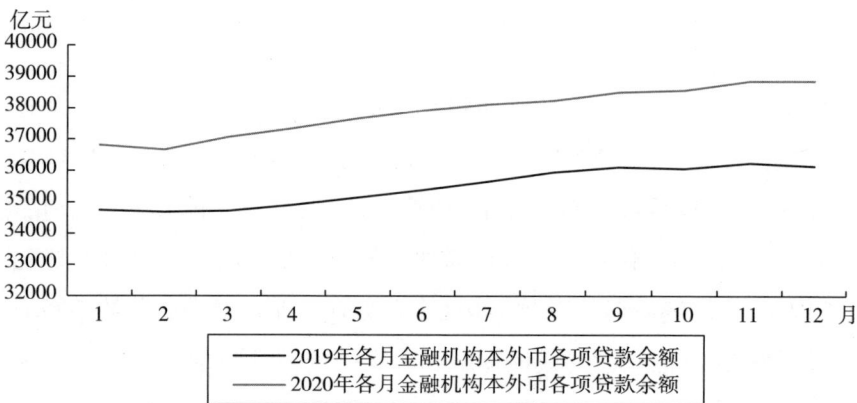

图3 2019年和2020年各月金融机构本外币各项贷款余额
（资料来源：中国人民银行天津分行）

2020年12月底，金融机构本外币各项贷款比上月减少4.34亿元。其中，住户贷款增加94.12亿元，企事业单位贷款和非银行业金融机构贷款分别减少

79.03亿元和0.50亿元。

3. 小微企业贷款利率显著下降

2020年，LPR引导企业贷款利率下降效果显著。具体来看，天津市金融机构人民币企业一般贷款加权平均利率为4.64%，与上年相比下降0.49个百分点，其中大型、中型、小微、普惠小微企业的贷款加权平均利率同比分别下降0.57个、0.35个、0.63个和1.05个百分点（见表2和表3）。贷款利率的下降使处在疫情期间的国有企业的经营处境得到改善，有利于经济的恢复与增长。

表2　2020年天津市金融机构人民币一般贷款各利率浮动区间占比情况（1~6月）

单位：%

	月份	1	2	3	4	5	6
	合计	100	100	100	100	100	100
	LPR减点	20.5	22.3	27.8	34.3	19.8	26.4
	LPR	1.6	2.1	0.6	2.4	1.3	3.8
LPR加点	小计	77.9	75.6	71.6	63.3	78.9	69.7
	（LPR，LPR+0.5%）	20.9	20.2	22.1	13.7	14.2	15.3
	[LPR+0.5%，LPR+1.5%）	17.7	19.2	19.1	16.9	17.6	17.7
	[LPR+1.5%，LPR+3%）	13.9	8.9	9.8	14.9	18.7	14.2
	[LPR+3%，LPR+5%）	8.3	5.9	6.0	7.2	12.7	9.0
	LPR+0.5%及以上	17.1	21.4	14.7	10.6	15.7	13.4

表3　2020年天津市金融机构人民币一般贷款各利率浮动区间占比情况（7~12月）

单位：%

	月份	7	8	9	10	11	12
	合计	100	100	100	100	100	100
	LPR减点	25.9	22.4	18.7	23.7	20.7	22.8
	LPR	2.3	2.9	2.3	1.5	1.8	3.9
LPR加点	小计	71.3	74.7	79.0	74.7	77.5	73.3
	（LPR，LPR+0.5%）	12.4	12.9	16.4	18.1	17.9	14.5
	[LPR+0.5%，LPR+1.5%）	18.1	17.6	19.7	17.1	22.1	23.5
	[LPR+1.5%，LPR+3%）	14.2	15.8	15.1	13.7	14.1	19.4
	[LPR+3%，LPR+5%）	8.8	8.1	8.9	8.1	9.4	5.3
	LPR+0.5%及以上	18.2	20.3	18.8	17.7	14.0	10.6

资料来源：中国人民银行天津分行。

4.表外业务发展分化，担保类业务下降

2020年末，天津市银行业金融机构担保类、承诺类、金融资产服务类、金融衍生品类等四类表外业务余额同比增长 23.7%。其中，承诺类、金融资产服务类和金融衍生品类表外业务同比分别增长100.3%、8.2%和 19.7%；担保类表外业务同比下降 3.7%。

（二）货币市场

2020年，天津市社会融资规模为4508.1亿元，较上年增加1641.7亿元。其中，实体经济通过银行业融资规模新增1522.7亿元，占全部社会融资规模增量的33.8%，银行业融资规模同比多增1228.6亿元，对社会融资规模增量的贡献度为74.8%。直接融资规模新增1237.0亿元，占全部社会融资规模的27.4%；政府债券融资规模新增1409.1亿元，同比多增489.2亿元（见表4）。金融市场交易活跃，融资效率进一步提升。

表4　2020年天津同业拆借情况

月份	融入金额（亿元）	市场占比（%）	融出金额（亿元）	市场占比（%）
1	1282.41	1.2848	624.20	0.6254
2	528.60	0.7517	110.82	0.1576
3	798.52	0.5202	244.55	0.1593
4	1775.32	0.9318	97.16	0.0510
5	1246.09	0.8474	206.74	0.1406
6	1608.38	1.3051	270.43	0.2194
7	1423.49	1.0622	261.15	0.1949
8	1310.21	1.1393	341.22	0.2967
9	1224.70	0.9382	224.51	0.1720
10	794.81	1.0528	322.53	0.4272
11	1073.68	1.0990	452.87	0.4636
12	1255.68	0.9353	394.30	0.2937

资料来源：中国外汇交易中心。

二 证券期货市场发展状况

2020年，天津市各类证券业机构稳步发展，股票、债券、基金、期货市场发展形势良好，市场功能发挥取得一定成效，经营风险基本可控，法人证券公司、基金管理公司、期货公司资产规模均保持增长。截至2020年12月31日，天津市共有上市公司60家、新三板挂牌公司148家、区域性股权市场挂牌公司974家、拟上市公司27家（见表5）。上市公司总股本为883.68亿股，总市值为9230.87亿元，均较上年有大幅度增加。

截至2020年12月31日，天津市辖区内有证券公司1家，其中证券分公司和证券营业部分别有35家和150家，证券营业部总资产为237.85亿元，同比增长37.96%；有基金管理公司1家，基金管理数为93只，较上年增加31只；期货公司共有6家，其总资产为201.99亿元，较上年的137.19亿元增加64.8亿元。

表5　2020年天津市证券业基本情况

项目	数量/金额
总部设在辖内的证券公司数（家）	1
总部设在辖内的基金公司数（家）	1
总部设在辖内的期货公司数（家）	6
年末国内上市公司数（家）	60
当年国内股票（A股）筹资（亿元）	230
当年发行H股筹资（亿元）	0
当年国内债券筹资（亿元）	4158
其中：短期融资券筹资额（亿元）	1330
中期票据筹资额（亿元）	419

资料来源：天津证监局、中国人民银行天津分行。

（一）股票市场发展状况

2020年，天津市积极响应国家出台的减税降费政策，拓宽企业资金融通渠道，引导资金合理化配置，总体来说股票市场发展平稳。2020年末，法人证券公司资产总额为592.5亿元，增速较上年提升8.9个百分点，同比增长15.4%；法人证券公司负债总额为388.7亿元，同比增长25.2%，增速较上年大幅提高，提升15.6个百分点；累计实现净利润总额为8.2亿元，与上年相比减少1.8亿元。天津市证券营业部总资产为237.58亿元，较上年的172.40亿元增加65.18亿元；客户交易结算资金余额为209.37亿元，同比增长44.5%；指定与托管市值为5114.26亿元，同比增长56.2%；资金账户为391.30万户，同比增长11.79%。

2020年上市公司总股本和总市值均高于2019年，且均有大幅提升。具体来看，2020年上市公司总股本呈持续增长状态，且均高于2019年；上市公司总市值波动较大，受新冠肺炎疫情的强烈冲击，导致1~3月上市公司总市值有明显下降趋势，在天津市疫情稳定后，总市值开始不断回升，截至2020年12月底，总市值较年初有显著增长（见图4）。上市公司数量比2019年新增6家A股上市公司，同时新三板挂牌公司与上年相比小幅减少（见表6）。

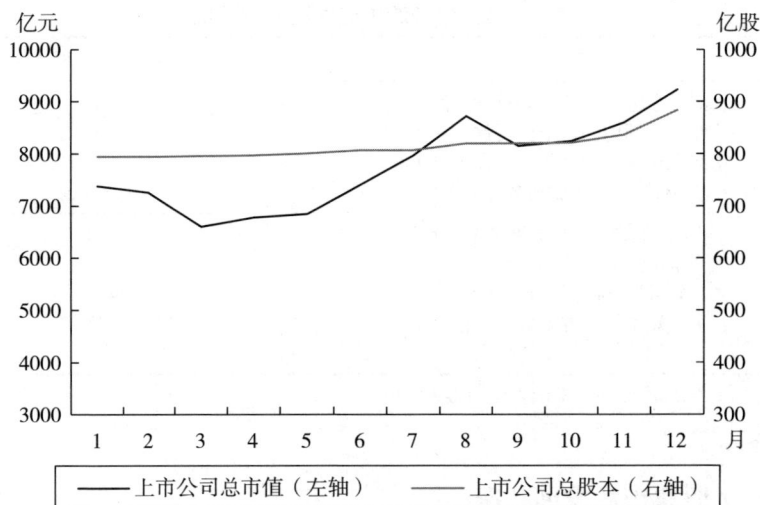

图4　2020年上市公司总市值和总股本变化
（资料来源：天津证监局）

表6　2020年12月底天津股票市场概况

指标	单位	当期值	上年同期值
上市公司数	家	60	54
其中：A股公司数	家	60	54
AB股公司数	家	1	1
AH股公司数	家	4	3
AS股公司数	家	1	1
其中：上海证券交易所上市公司数	家	28	27
深圳证券交易所主板上市公司数	家	8	8
中小板上市公司数	家	9	9
创业板上市公司数	家	11	8
科创板上市公司数	家	4	2
新三板挂牌公司数	家	148	162
上市公司总股本	亿股	883.68	790.85
上市公司总市值	亿元	9230.87	7208.4

资料来源：天津证监局。

（二）债券市场发展

2020年，天津市债券市场运行状况良好且发展迅猛，债券交易额为22430.06亿元，较上年末增长32.7%（见图5）。

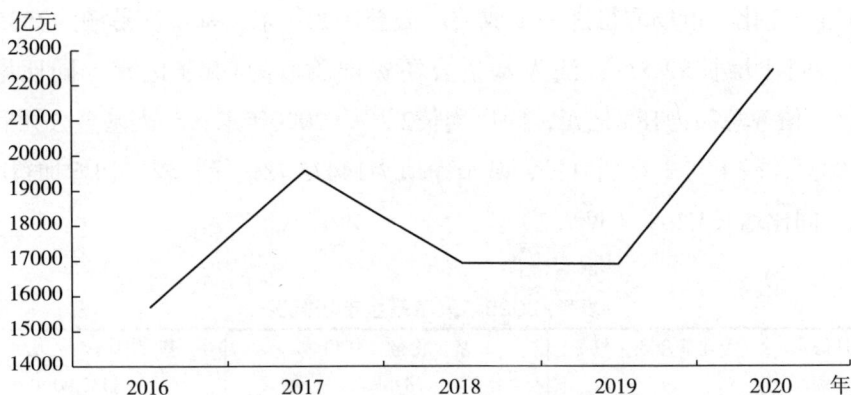

图5　2016—2020年债券交易额

（资料来源：天津证监局）

为加快天津市债券市场的发展与债券发行场所全覆盖，2020年上海证券交易所和深圳证券交易所累计债券交易额分别为32771.87亿元和5521.37亿元，相较2019年有大幅提升，分别增长17%和23.8%（见图6）。

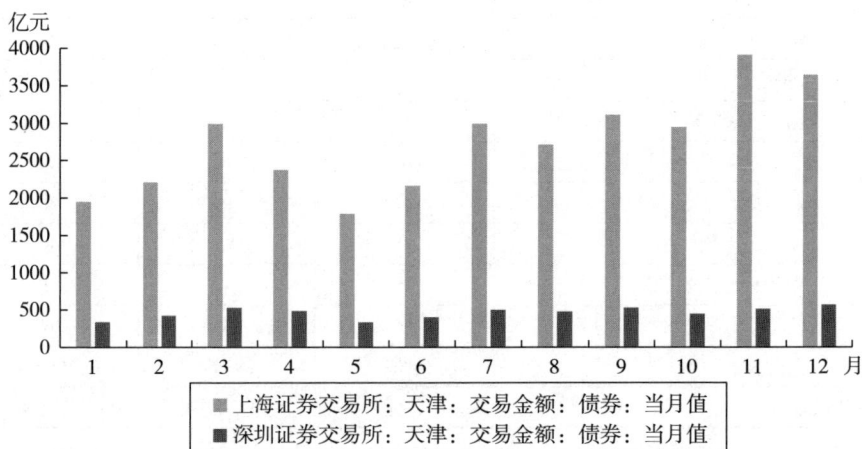

图6　2020年1~12月天津市债券交易金额
（资料来源：Wind数据库）

（三）基金市场

2020年，天津市基金市场持续发展，基金公司业务规模逐步扩大，业务结构趋于优化，市场取得进一步成效。截至2020年末，基金交易额为2535.10亿元，同比增长52.8%；法人基金公司资产总额为146.6亿元，同比增长15.0%；债务总额为18.8亿元，同比增长2.2%。2020年末，法人基金公司管理基金93只，较上年末增加31只，基金净值为14475.78亿元，较年初增加1142.9亿元，同比增长12.9%（见表7）。

表7　2020年天津基金市场概况

月份	管理基金数（只）	基金份额（亿份）	基金净值（亿元）
1	63	13287.62	13332.90
2	64	14165.48	14223.22
3	68	14662.93	14690.90

续表

月份	管理基金数（只）	基金份额（亿份）	基金净值（亿元）
4	69	14682.90	14752.28
5	72	14621.83	14683.59
6	74	14335.77	14437.45
7	75	14250.38	14413.38
8	79	14141.87	14331.71
9	81	14014.28	14178.49
10	83	14062.11	14234.43
11	87	14111.77	14304.09
12	93	14256.27	14475.78

资料来源：天津证监局。

（四）期货市场

2020年，天津市法人期货公司资产规模增势显著，代理交易规模增长趋势有所回落。截至2020年末，天津市辖区内共有6家法人期货公司，总资产为202.0亿元，同比增长47.2%；净资产总额和代理交易额均有较快增速，与上年相比分别增长27.6%和31.5%。期货营业部代理交易额为3775.25亿元，同比增长58.9%；代理交易量为596.44万手，同比增长43.1%（见表8）。

表8　2020年末天津期货市场概况

类别	指标	单位	当期值	上年同期值
基本情况	期货公司家数	家	6	6
	辖区期货分公司数	家	5	4
	辖区期货营业部数	家	28	30
	期货交割库数	家	60	52
期货公司	总资产	亿元	201.99	137.19
	净资产	亿元	31.26	24.50
	净利润	亿元	−46.35	−386.01
	代理交易额	亿元	12792.68	6367.96
	代理交易量	万手	1821.54	1057.72
期货营业部	净利润	万元	−297.70	−358.99
	代理交易额	亿元	3775.25	2374.69
	代理交易量	万手	596.44	416.86

资料来源：天津证监局。

三 保险市场发展状况

天津保险业作为全国保险改革试验区之一，得到天津市的高度重视，在增强经济建设、保障人民生活、稳定社会等方面发挥重要作用。在天津市政府的大力推动下，多策并举，精准实施，着力改善民生，提高公民幸福感，拓宽民众投资渠道。天津市政府倡导发展"绿色保险"，通过市场化方式解决环境污染损害，推进美丽天津建设。2020年，天津市保险公司资产总额达1763.0亿元，实现保费收入672.1亿元，增长8.8%（见表9），2020年末共有保险机构377家，保险公司从业人员达10.48万人。

表9 2020年天津市保险业基本情况

项目	数量
总部设在辖内的保险公司数（家）	7
其中：财产险经营主体（家）	2
寿险经营主体（家）	5
保险公司分支机构（家）	70
其中：财产险公司分支机构（家）	28
寿险公司分支机构（家）	42
保费收入（中外资，亿元）	672.1
其中：财产险保费收入（中外资，亿元）	164.3
人身险保费收入（中外资，亿元）	507.8
各类赔款给付（中外资，亿元）	168.2

资料来源：天津银保监局、中国人民银行天津分行。

（一）保险市场稳定发展，资产规模增长加快

天津市不断扩大引进保险资金规模，鼓励保险机构以股权、基金、债权等形式满足企业融资需求，积极探索"三农"保险新模式，并优化市场结构、丰富产品供给、提升保险服务水平。截至2020年末，天津市辖内法人保险公司共有7家，与上年相比增加1家。其中，财产险经营主体和寿险经

营主体分别为2家和5家。2020年保险公司资产总额达1763.0亿元,同比增长13.9%,较上年提高8.4个百分点。其中,财产险公司资产总额为142.3亿元,同比增长8.5%;人寿险公司资产总额为1620.7亿元,同比增长14.3%。

(二)保费收入增长减弱,赔款和给付小幅增长

天津市政府积极推动开展各类责任保险,既经营商业性保险,又提供政策性服务保险,目前已涉及财产保险、人身保险、责任保险、保证保险四大类上万个险种,保险产品不断丰富,并由城市逐渐扩展到农村,满足整个社会经济发展需要。截至2020年末,天津市共实现保费收入672.1亿元,较上年增加54.21亿元,增速较上年回落1.5个百分点。其中,财产险保费收入为164.3亿元,同比增长7.9%;人身险保费收入为507.8亿元,寿险和健康险占比分别为75.3%和20.8%。全年赔款和给付支出为168.2亿元,较上年的158.16亿元有小幅提升,同比增长6.3%,其中财产险赔付支出及人身险赔款和给付分别为83.6亿元和84.5亿元,同比分别增长为5.5%和7.2%(见表10)。

表10 2020年天津保险业收入情况

单位:亿元

项目	2019年	2020年	同比增加
原保险保费收入	617.89	672.09	54.2
1. 财产险	152.19	164.26	12.07
2. 人身险	465.71	507.84	42.13
(1)寿险	355.27	382.33	27.06
(2)健康险	91.95	105.71	13.76
(3)人身意外伤害险	18.49	19.79	1.3
赔款、给付	158.16	168.18	10.02
1. 财产险	79.29	83.64	4.35
2. 人身险	78.87	84.54	5.67
(1)寿险	48.12	50.57	2.45
(2)健康险	27.79	30.66	2.87
(3)人身意外伤害险	2.96	3.32	0.36

资料来源:天津银保监局。

（三）业务结构持续改善，普通寿险和非车险业务占比提升

财产险公司的非车险业务保费收入同比增长22.6%，增速较车险业务提高19.0个百分点，占保费收入的38.0%，同比提高3.9个百分点。普通寿险实现保费收入180.2亿元，同比增长20.6%，占人寿险公司保费收入的36.7%，同比提高3.7个百分点；分红寿险实现保费收入199.5亿元，同比下降1.8%，占人寿险公司保费收入的40.7%，同比下降4.2个百分点。

四 外汇市场发展状况

（一）跨境人民币业务量增长

2020年，天津市积极响应对扩大重点行业人民币跨境使用的号召，增强其发展后劲，办理跨境人民币业务主要集中在金融证券、租赁、科技制造、批发、房地产、钢铁化工等行业。

2020年，天津市人民币跨境收付2148.6亿元，同比增速由负转正，较上年增长18.0%。其中，跨境收入实收996.9亿元，同比增长15.3%；跨境支出实付1151.7亿元，同比增长20.4%。经常项目下人民币跨境收付1296.6亿元，同比增长2.9%；资本项目下人民币跨境收付853.0亿元，同比增长51.5%。境内主体积极参与，截至2020年末，天津市共有9060家企业开展人民币跨境业务，同比增长11.0%，结算涉及159个国家和地区，较上年增加2个国家和地区。

天津市与"一带一路"沿线及周边国家经贸合作，推动人民币在租赁等特色行业跨境使用。2020年，天津市与72个"一带一路"沿线国家开展人民币跨境交易，交易量占全市的19.3%。

（二）贸易出口小幅增长，外商贸易保持平稳

2020年，天津市实现外贸进出口总额7340.7亿元，同比下降0.1%，基本

恢复至上年水平。其中，进口贸易额为4265.5亿元，较上年下降1.5%；出口贸易额为3075.1亿元，较上年增长1.9%（见图7）。从贸易方式来看，一般贸易出口总额为1746.24亿元，比上年提高4.5个百分点；加工贸易出口总额为1142.85亿元，较上年下降10.1%。民营企业出口增长21.0%，比上年提高6.8个百分点。新设外商投资企业570家，同比下降19.8%；实际使用外资47.4亿元，同比增长0.1%。

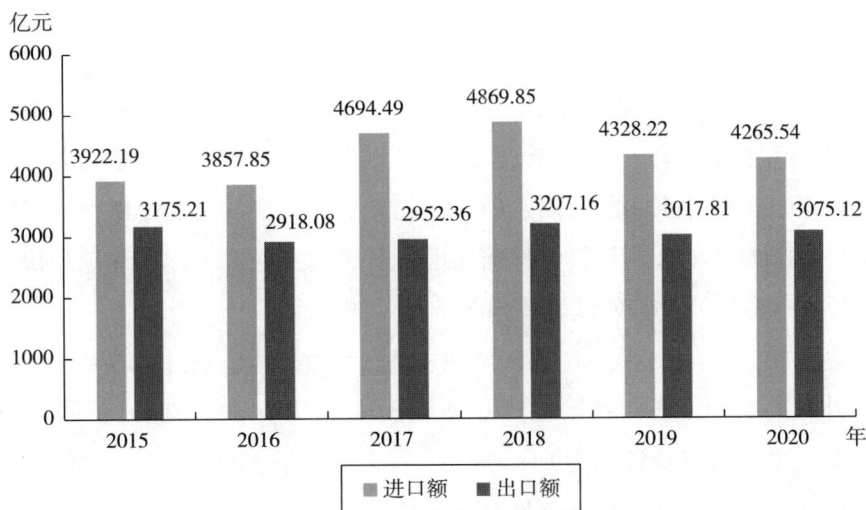

图7　2015—2020年天津市外贸进出口额
（资料来源：天津市统计局网站）

2020年，天津对外开放力度加大，积极融入"一带一路"，互联互通合作深度开展，充分发挥天津的港口优势。从贸易伙伴来看，对美国的出口额同比增长2.2.%；对东盟的出口额同比增长1.0%；对欧盟的出口额增长相对较多，同比增长3.8%；由于受新冠肺炎疫情的影响，对一些国家的出口额相较上年有所回落，如对日本和韩国的出口额同比分别下降11.5%和2.7%。

招商引资稳步发展、势头良好，天津市产业项目招商引资呈现出全面升级的局面。2020年，天津市共引进内资项目3024个，实际使用内资2926.18亿元，较上年增加43.74亿元。其中，引进服务业项目2281个，到位资金2408.98亿元，占比为82.3%；引进制造业项目491个，到位资金372.54亿元，较上年增加92.86亿元，同比增长33.2%。全市新批外商投资企业570家，合同外资额为362.48亿美元，同比增长14.7%，实际直接使用外资47.35亿美元，同比增长0.1%。

五　天津金融市场展望

（一）持续引用新动能，推进自贸区深化改革

1.自由贸易试验区金融创新

天津自由贸易试验区（以下简称天津自贸区）自2015年正式挂牌开始运行，成为我国北方第一个贸易试验区，以"为国家试制度、为地方谋发展"为使命担当，服务京津冀协同发展，为北方实体经济的发展作出卓越贡献。天津自贸区内各项金融创新业务陆续推出，区内金融改革脚步逐渐加快，在贸易投资、金融开放等领域发挥越来越重要的作用。

截至2020年末，天津自贸区新设立企业10832家，其中内资企业10623家、外资企业209家；新增内资企业注册资本为3004.40亿元，同比增长17.45%；中方协议投资额为9.13亿美元，同比增长15.29%。市场主体扩容体质，反映出天津自贸区紧扣改革创新和高质量发展的要求，在投资贸易、金融开放等领域先行先试，高端产业聚集发展，天津自贸区引领开放作用持续增强。

2020年，天津自贸区金融工作协调小组共发布13个创新案例，既方便企业进行境外融资，又能提高融资租赁发展水平进行业务创新，为企业营造更好的营商环境。其中，涉及政府和监管部门完善服务类5个，包括人民银行天津分行推广天津自贸区部分外债便利化政策至天津全辖、构建自贸试验区金融消费纠纷多元化解机制、建立常态化金融知识宣传平台网站和实体基地、自贸试验区创新发展局设计五位一体供应链金融综合服务体系、天津经开区推动中互金数据科技有限公司建立多方安全计算技术的个人投资者认证查询系统，进一步缓解企业融资难题，拓宽企业融资渠道，创新跨境融资管理模式。提升融资租赁业发展水平类案例4个，包括东疆保税港区打造租赁

企业"企企对接平台"、租赁保理企业ABS储架发行平台、打造融资租赁公司风险防控大数据平台并持续优化升级、推动新型"租赁+"创新业务模式落地，创新天津融资租赁模式，使其保持领先全国的发展态势。跨境金融服务类案例2个，包括中国银行天津市分行为区内企业提供FT项下全功能型跨境人民币资金池业务、招商银行天津分行为境外企业提供FT项下全功能型跨境人民币资金池业务；金融服务投融资便利化类2个，包括天弘创新资产管理有限公司推动北上香港互认基金业务模式落地、发行多种类QDII基金产品，加速天津金融市场进一步开放，推动金融改革持续深化。

2.简化自贸区市场准入方式，引育新兴产业业态

天津自贸区简化银行保险机构市场准入方式，通过进一步简政放权，优化营商环境，支持天津自贸区建设和天津市经济高质量发展。重点在以下三个方面简化准入方式：一是削减审批事项，对区内保险支公司及以下分支机构的建立和撤销及对高级管理人员的聘用事项进行削减；二是精简备案材料，将中资机构营运资金验资报告改为入账原始凭证复印件；三是下放备案权限，由天津银保监局下放至滨海银保监分局。此举措有利于降低机构办事处成本，减轻机构负担，惠及天津自贸区内现有93家银行保险机构，提高其市场竞争力和服务效率。

2020年，天津自贸区大力引育新动能，通过重点产业间的相融共生，形成更多的应用场景和业务模式，进而开拓新的业务增量。通过深入实施新动能引育五年计划，现代产业体系基本形成。2020年天津市电子信息、装备制造、汽车、生物医药、新能源、新材料、航空航天等重点产业产值占规模以上工业比重达54.3%，工业战略性新兴产业、高技术产业增加值占规模以上工业比重分别达26.1%和15.4%，同比分别增长5.3%和15.4%，战略性新兴产业和智能制造投资分别增长1.8%和22.9%。

制度创新是天津自贸区的核心，以金融领域为例，天津自贸区创新发展结合区域实际，发挥专业优势，大力开展金融改革创新，边试点、边总结、边推广，在金融领域形成多项全国首创的创新成果，并率先在全国实施"数字仓库+可信仓单+质押融资+大宗商品市场+风险管理"五位一体的供应链创

新模式。同时，设计出"期现结合非标合同转让"要素市场创新模式，为存量要素市场盘活赋能，建设天津租赁资产交易中心，并同步实现金融资产类交易场所整合。

（二）融资租赁业稳步发展

1. 拓宽渠道，持续发展

天津作为全国五大自贸区之一，在融资租赁业上不断进行政策、制度和功能方面的改革创新，业务规模不断扩大，经营效益持续提高，在企业数量、注册资金、业务总量和全国占比等方面保持领先全国的发展态势，已成为天津的一张重要名片。截至2020年末，总部在天津的各类融资租赁公司共有2066家。其中，内资租赁公司有126家、外资租赁企业达1928家、金融租赁公司有12家。

天津市为解决融资租赁行业普遍存在的对政府优惠政策利用不充分、租赁处置市场环境不成熟、外资租赁企业长期融资面临瓶颈、现代有关租赁人才的缺乏、企业业务发展受约于注册资本的限制等问题，制定一系列措施。例如，简化融资租赁企业境外设立子公司和项目公司流程；在天津海关设立绿色通道，加快租赁企业货物进出口通关效率，提供便利化服务；鼓励天津市银行机构对融资租赁业在符合相关政策规定的前提下实行单独授信，便利企业完成融资。

2020年，天津市加大金融支持力度，鼓励融资租赁公司合理运用金融工具拓宽融资渠道，如发行金融债券、短期融资券、中期票据、非公开定向融资工具、企业债券及资产证券化等融资方式。截至2020年末，全市共有9家融资租赁公司发行债券78笔，发行规模为531.3亿元，同比增长59.3%；共有13家融资租赁公司发行84只资产证券化产品，发行规模为368.9亿元，同比增长20.8%。

2. 加大"绿色租赁"业务

天津市积极支持引导辖内金融租赁公司大力发展绿色租赁业务，助力生态文明建设及经济可持续发展。首先，通过年度监管会议等方式传导监管导向，鼓励金融租赁公司在"绿色租赁"业务领域加大探索力度。截至2020年末，辖内金融租赁公司节能环保相关"绿色租赁"项目余额超过1400亿元，占全部租赁资产比重的近三成。其次，天津银保监局大力支持金融租赁公司发行绿色金融债券，拓宽其绿色融资渠道，降低绿色租赁业务的资金成本，不断提升支持生态环保事业的能力，并在2021年内已核准兴业金融租赁有限责任公司发行不超过50亿元的绿色金融债券。最后，天津市积极建立健全政策激励机制，出台绿色贷款或绿色债券的贴息、补息、担保等激励政策，缓解绿色租赁存在的投资规模大、回报周期长、经济外部性强等难题，吸引更多租赁企业进入该领域，提高绿色租赁的市场活跃度。

（三）京津冀协同发展更进一步

近年来，天津自贸区不断扩大全球"朋友圈"，深度融合国际贸易产业链，打造"一带一路"黄金支点，积极打造"京津冀+'一带一路'"海外工程出口基地。同时，在以国内大循环为主体，国内国际双循环相互促进的新发展格局下，自贸区在构建以国内大循环为主体中的新格局中发挥了至关重要的作用。2020年，自贸区不断完善京津冀一体化改革，充分发挥金融市场的带头作用，在加快产业创新、环境协同发展、政策谋划升级等方面取得突出成绩。

承接北京非首都功能疏解和支持雄安新区建设等方面取得新发展，积极对接服务北京，打造了"1+16"承接平台，通过这些承接平台引进北京项目3062个，投资总金额达4482亿元。在制造研发基地建设方面，打造滨海—中关村科技园、宝坻京津冀中关村科技城、宁河京津合作示范区等重点平台深化京津冀协同发展。在建设金融创新示范区方面，大力发展科技金融、航运金融、绿色金融和普惠金融，加强金融对实体经济的支持功能。在基础设施协同方面，京津冀交通网络建设成绩突出，京津、京沪、京滨、津兴四条高铁连通北京的格局正在加快形成。全年天津港口岸进出口总额为13214.53亿元，其中来自京冀的货物占比为31.0%。

2021年是天津开启全面建设社会主义现代化大都市的开局之年，进入

"十四五"时期，天津市将继续深入贯彻落实习近平总书记对天津工作"三个着力"要求及一系列重要指示批示精神，把握好新发展阶段、贯彻新发展理念、构建新发展格局，深入实施京津冀协同发展战略，加快打造国内大循环重要节点、国内国际双循环战略支点。同时，天津市会进一步增强金融服务实体经济能力，提升对民营企业、小微企业、制造业、绿色发展、科技创新等重点领域的金融服务，巩固实体经济融资成本下降成效。加快推进金融创新运营示范区建设，有序发展科技金融、航运金融和租赁金融，确保各类市场平稳运行，金融服务实体经济质效不断提升。

B.4
2020年天津金融产品创新发展报告

李西江　张褚妍君*

摘　要： 2020年，是新冠肺炎疫情暴发的一年，是脱贫攻坚的收官之年，也是"十三五"规划的收官之年。无论是为了抗击疫情、巩固脱贫攻坚成果，还是为了给"十三五"画上圆满句号迎接"十四五"的到来，金融改革创新都发挥着至关重要的作用。本报告梳理和介绍了2020年天津各银行产品与业务创新、证券产品与业务创新、保险产品与业务创新及其他金融类产品与业务创新，并进一步对天津未来金融产品发展方向进行了展望，包括营造良好的创新生态、推进金融科技赋能产品和业务创新、促进融资租赁实现新突破。

关键词： 金融产品　金融创新　银行产品　证券产品　保险产品

一　天津各银行产品和业务创新

（一）疫情之下助力小微企业复工复产

新冠肺炎疫情之下，小微企业复工复产面临巨大的金融困难，为推动小微企业复工复产，天津各银行努力为小微企业复工复产提供更加高效便捷的金融服务，创新金融产品，积极给予复工复产的小微企业融资支持，解决其资金周转难题。

---

　* 李西江，供职于中国人民银行天津分行；张褚妍君，天津财经大学金融学院硕士研究生，研究方向为国际金融、货币政策。

　　上海浦东发展银行天津分行和天津农村商业银行分别推出针对小微客户的"复工贷"产品。尤其是天津农村商业银行推出的专属产品"复工贷"，以纯信用方式提供贷款，简化贷款手续，减少放款时间，而且给予客户利息优惠，极大地提高了受到疫情影响的小微企业的融资可得性，增强了小微企业复工复产的信心，有助于天津市经济在疫情之下稳定向好。

　　天津银行于2020年5月19日推出的创新产品"天行用呗"也是一款无抵押纯信用的贷款产品。由于许多小微商户在疫情影响下经营难以为继，融资又缺乏信用支撑，天津银行便与中国银联天津分公司合作，利用人民银行优惠利率等专项支持政策，打造了"天行用呗"产品。该产品通过银联"云闪付"的收单聚合码和天津银行结算账户来收集商户们的经营流水，并作为授信依据，无须其他抵押，并且融资成本非常低，可以随借随还，线上即可申请办理，放款只需几分钟，单笔期限最长为一年，支持一次性还本付息。该产品着实为广大餐饮服务行业、菜市场、社区便利店、百姓生活服务行业等小微商户的复工复产提供了"加速剂"。"天行用呗"可以说是天津银行打造的富农惠商的金融服务品牌。

　　工商银行天津市分行联合线上银税互动平台推出线上税务贷款产品"工银税e贷"。该产品依据企业的增值税发票数据和纳税申报数据进行贷款的发放。信用记录良好的小微企业可以在"线上银税互动平台"发起融资申请，并授权平台推送其申请信息，而后各商业银行通过平台受理其线上融资申请。"工银税e贷"产品线上申请线上办理，申请后两天即可放款，便捷高效，还有随借随还的特点，有效迎合了疫情期间天津市小微企业"短、频、急"的融资需求。类似特点的创新产品还有渤海银行天津分行推出的"渤业贷"。

　　2020年，邮政储蓄银行天津分行成功发放"综合贡献度模式小微易贷"贷款和首笔"工程信易贷模式小微易贷"贷款。"综合贡献度模式小微易贷"产品是针对邮政储蓄银行有结算但无贷款客户推出的，"工程信易贷模式小微易贷"是精准帮助工程领域小微企业的特色产品。此前，邮政储蓄银行天津分行已经推出过小微易贷发票模式、综合贡献度模式和税务模式，而工程信易贷模式是最新突破，该模式是邮政储蓄银行和易功成公司共同打造的一种"平台+场景"全新融资方式，主要针对生产经营稳定，与政府机关、国有企业或事业单位建立良好合作关系的工程类企业，贷款审批只需一分钟，贷款发放只需一天。这两个产品都具有线上操作、审批速度快、操作简便的特点，解决了包括工程类小微企业在内的小微企业复工复产面临的短期资金不足问题。

北京银行天津分行为了对受疫情影响难以正常经营的小微企业和个体工商户进行扶持，推出了"赢疫宝""京诚贷"等产品，在金融服务方面，以信贷重组、减免逾期利息等方式，努力做到不抽贷、不断贷、不压贷。北京银行天津分行还创新研发了"科贷宝"小微企业信用贷款，针对天津市"雏鹰""瞪羚"企业、领军科技企业、国家高新技术企业等重点目标群体，加大信用贷款支持力度。

近年来，我国的电商发展迅速，互联网经济势不可当，在外贸领域，跨境电商交易逐渐占领一席之地。为了给小微跨境电商提供更好的金融服务，浙商银行天津分行创新业务模式，以境内外直联方式为跨境电商办理人民币收款业务，为境内出口电商企业搭建了一条便捷、稳妥的在线跨境收款新渠道，有助于降低小微电商的结算成本，加速其资金流转。这一业务创新不仅体现了"本币优先"的政策优势，还有效地帮助跨境电商在疫情防控期间规避汇率风险、简化流程手续、及时出口创收，助力外贸企业复工复产。

（二）提升"三农"金融服务水平，巩固脱贫攻坚成果推进乡村振兴

2020年是脱贫攻坚至乡村振兴的政策转折点，不但要全面巩固脱贫攻坚的成果，而且要向乡村振兴迈进。天津市商务局、工商银行天津市分行推荐的重点消费扶贫商品供应企业联合组建了天津市消费扶贫联盟，并于2020年3月在工商银行原有的"融E购"电商平台上线。这是首个由"银""政""企"三方合作组建的电商消费扶贫项目。联盟借助平台优势，以电商促扶贫，商品均来自国家级贫困县，活动线上推广，做到了扶贫精准、新颖又有效。

天津银行致力于持续提高"三农"金融服务的广泛性和便捷性，应用金融科技手段进行产品创新、业务模式创新。2020年，天津银行与新希望集团在"三农"金融领域开展全新的合作探索，以技术创新促进金融支农模式创新。经过深入的市场调查研究，2020年10月，天津银行自营类线上创新产品——"惠农贷"正式上线，加速提升涉农金融服务质量。该产品依托于新希望六和公司产业链，主要针对产业链上的经销商及养殖户发放生产经营贷款。"惠农贷"产品将天津银行自主风控能力与农业产业数据特点相结合，根据水产、禽类、生猪等养殖品种和养殖周期的不同，差异化制定授信审批模型实现自动审批，以农户采购饲料订单为前提进行受托支付放款，实现专款专用，从授信申请至放款总共只要几分钟，真正实现无接触授信，可为更多的"三农"客户提供便捷的金融支持。产品经过调整试运行，截至2020年末，已为10余位客户授信近400万元。"惠农贷"的成功上线进一步引导和促进了农户、农业中小经营主体及农村创新创业主体融入农业供应链，有效推进了金融普惠和农业绿色发展，为乡村产业振兴注入新活力。

2020年上半年，建设银行天津分行创新推出"民宿贷"业务，精准支持纳入天津市、区级政府乡村振兴发展扶持的天津精品民宿项目。

农业银行天津市分行推出的"惠农e贷"产品，为全市涉农区内农户的信用信息建档立卡，并以此为基础发放贷款。邮政储蓄银行天津分行推出"饲料贷""水产养殖贷""粮食贷""树苗贷"等特色助农产品。

（三）科技金融服务生活

天津银行推出"天天贷""白领贷"及美团联名信用卡等个人消费贷款产品，满足多元化消费需求。"白领贷"是天津银行继"天天贷"后，从业务研发、界面设计、风控模型、贷款发放等全流程自主研发的一款个人消费贷款产品，该产品主要针对中高端优质个人客户，线上申请、办理及时、放款迅速，客户最高可贷款20万元，款项用途广泛，切实满足了个人客户的多元化消费需求。

天津滨海农村商业银行"医保贷"搭建医企共赢平台。天津滨海农村商业银行推出的新产品"医保贷",提供了医保定点医疗机构药品采购等日常经营活动所需的资金,贷款期限的设定依据医保回款周期,用医保账户款项来还款。该产品为医疗机构和药品销售企业搭建了一个互惠共赢的平台,不仅可以有效降低医疗机构的药品采购成本,还可以实现药品销售企业零账期。

(四)天津市政银企对接平台"津e融"建设工作取得积极成效

为了解决个体工商户和小微企业主等广大中小微企业融资问题,人民银行天津分行积极指导中国银联天津分公司在"云闪付"App上搭建"政""银""企"对接服务平台"津e融"。该平台对银行和企业免费开放,通过创新公平透明的交易规则和撮合流程,使各类企业能便捷享受各种金融资源;企业只需在平台申请一次,便可被系统多轮推送至各类银行机构,享受多层次金融服务。金融机构一旦收到客户申请,两个工作日内就要与企业对接,及时通知审批进度,企业可在线跟踪进度,如果对接不成功,银行会在线答复审批未通过的具体原因并给予专业建议。

"津e融"平台通过科技赋能、多方协作,企业线上一次申请,各类银行上门对接,实现"数据多跑路、企业少跑腿",推动资金供求双方高效对接,助力天津市场主体解决资金需求,实现平稳发展。

2020年,有中国银行、农业银行、光大银行、天津银行等14家各类银行与中国银联天津分公司建立合作关系,注册用户为10.1万户,10845家企业通过平台提出需求,获得贷款8.2亿元,使天津中小微企业能够"足不出户"就可提出融资需求、获得金融服务。

二 天津证券产品和业务创新

通过天津市政府批准,"天津市滨海产业发展基金"在天津设立。通过300亿元的引导基金和市场化方式吸引国际国内企业、机构等社会资金集聚,争取5年内至少筹集1000亿元。此基金的设立有助于具有国际竞争力的先进产业集群的建立，从而助力滨海新区的高质量发展。

建设银行天津市分行与天津银行分别成功发行首单疫情防控债，天津泰达投资控股有限公司募集到的资金直接用于重要防疫物资口罩和滤材的生产加工，天士力控股集团有限公司募集到的资金部分优先用于防疫药品生产所需的原材料采购及支持企业复工复产。天津银行还成功发行了2020年全国银行间市场首单民营融资租赁企业的疫情防控信用债券，即天津市狮桥融资租赁（中国）有限公司2020年第一期超短期融资券，募集到的资金优先向疫情严重地区或防疫交通物流运输行业的司机发放小额贷款。

此外，天津银行创新发行模式，创设2000万元信用风险缓释凭证为企业增信，有效降低了企业的融资成本。该凭证是全国首单由城市商业银行创设的疫情防控信用风险缓释凭证，同时也是天津市法人金融机构创设的首单信用风险缓释凭证。

渤海证券成功发行中国第一单创新创业疫情防控债——北京东方国信科技股份有限公司2020年公开发行创新创业公司债券。北京东方国信科技股份有限公司是一家创新创业公司，本次发行的债券票面利率是近三年类似民营企业债券票面利率中最低的，得到多家机构的积极认购，认购数约是基础发行数的6倍。公司募集到的资金会被用于疫情相关技术和产品的研发，主要包括数据科学云平台、大数据SaaS平台等。创新创业公司债券一方面有利于丰富债券发行主体的种类，另一方面有利于拓宽创新创业公司的融资渠道。

2020年康希诺生物股份公司（以下简称康希诺）成功在科创板上市，成为天津市首家在香港交易所和上海证券交易所科创板都上市的公司。康希诺此次在科创板的上市是天津市至今为止最大规模非国有企业IPO。康希诺2009年成立，是一家生物科技公司，专注于研发、生产和商业化高质量人用疫苗。2019年在香港交易所上市，2020年通过科创板未盈利企业上市标准在科创板成功上市，为未来天津市科技创新企业的上市提供了经验和借鉴。

2020年，位于天津市的韩华投资管理有限公司（以下简称韩华投资）正式获得私募证券基金管理人资质，这是北方地区首家外资私募证券基金管理机构。韩华投资于2016年在天津市经济技术开发区注册成立，是韩华集团旗下韩华资产运用公司全资子公司。至今为止在华完成登记的外资独资证券类私募投资基金管理人共31个，分别位于上海、深圳、珠海和天津。韩华投资基金管理人资格的获得，有利于天津市金融创新运营示范区和国际化金融机构聚集区的建设，有利于提升天津市金融业对外开放水平。

三　天津保险产品和业务创新

2020年中国出口信用保险公司天津分公司利用创新型保险产品大力支持涉农企业。一是该保险公司为100余家涉农企业提供了短期出口信用保险，支持农产品出口金额约为2.07亿美元，相比上年增长11.29%；二是该公司还为13家涉农企业提供了4500万美元的融资支持；三是该公司通过海外投资保险的方式为境外涉农投资项目承保了3300万美元，进一步支持了涉农企业。

中国人民财产保险股份有限公司天津市分公司推出了农产品保险产品，积极化解农业生产过程中存在的风险。2020年该公司发布了小站稻全产业链保险，推出了菜单式承保的新模式，通过一站式服务和利用新产品来保障小站稻从种到收的生产全过程。除此以外，该保险公司于2020年2月4日开发了商业性蔬菜成本收益价格指数保险，能够稳定当地蔬菜的价格，保证农民的收入和利益，增加农户的种植信心，稳定市场的供需预期，积极防范了价格波动和自然灾害带来的双重风险。

此外，该分公司还于2020年2月底上线了"津企卫士复工无忧"财产综合保险定额产品，该产品主要服务于那些因疫情带来营业损失而无法复工的中小微企业，为有效地解决中小微企业复工复产后面临的风险提供了有力保障。与之类似地，还有中国平安财产保险股份有限公司天津分公司也相继推出了助力中小微企业复工复产的"平安乐业福（复业保）"产品和"平安乐业福（复业保+）"产品，为企业员工提供了一份切实的保障，同时增加了中小微企业和员工的积极性。

在新冠肺炎疫情的背景下，泰康人寿保险有限责任公司天津分公司于2020年1月30日及时推出了"泰康爱心保"产品。该产品扩展责任，投保便捷，适用人群广泛，可以有效降低疫情中人们的恐慌。与之类似地，天津市普惠医疗保险"津惠保"产品，利用微信公众号，既能够将各种便民服务集成在一起，又能够及时持续地披露相关信息，降低和减轻了因疾病给当地人民带来的各种风险和负担。

四 其他金融类产品和业务创新

（一）融资租赁产品

为支持新冠肺炎疫情期间天津经济开发区内相关抗疫物资生产企业的运转和扩大生产，天津泰达租赁有限公司研发推出"战疫租"产品，加快项目审批速度，满足抗疫物资生产企业的流动资金周转需求。

2020年初，天津自贸区正式落地离岸融资租赁对外债权登记业务，由民生金融租赁公司开展，并顺利办结离岸融资租赁对外债权登记业务。

为切实满足科技企业的创新需求，天津市金融局分别将融资租赁与担保、保险、投资相结合，推出了三类九个"融资租赁+"模式产品。融资租赁+担保类包含融资租赁与政策性融资担保组合产品和融资担保公司为融资租赁连带担保产品；融资租赁+保险类包含财产保全责任险、关税保证保险、财产一切险、机器设备损坏险、区块链共享物品损失保险；融资租赁+投资类包含潍滨租赁与股权投资基金合作产品和中科租赁与股权投资基金合作产品。这些产品能够有效降低融资成本，分担业务风险，解决企业实际问题。

（二）融资担保中介服务

在天津市中小企业信用融资担保中心的号召和支持下，天津市各担保机构努力提升服务水平、创新服务模式。

天津市农业融资担保公司是政策性担保机构，疫情期间，该机构尽全力降低农业经营主体的融资成本，对疫情中所有担保客户的担保费全部减半收取；针对"菜篮子"产品地供应主体，特殊时期特殊对待，以纯信用、免抵押、应保尽保等方式为客户提供担保，稳定了"菜篮子"产品和农产品的供应和物价。另外，为满足农户、合作社等经营主体在春耕备耕时采购农资的紧急资金需求，将农户信用贷款单笔最高额由50万元增至100万元。

此外，为抗击疫情，天津市其他各担保机构也各自推出"同心贷""应急贷"等专项担保产品，为企业提供绿色审批通道，以信用做担保，减免担保费用，简化办理手续，最大限度地降低疫情防控保障企业的融资成本，满足其资金需求。

银担"总对总"批量担保业务率先落地天津。该业务由银行对担保贷款项目进行风险识别、评估和审批，政府性融资担保机构"见贷即保"，仅对企业进行合规性审核，无须对企业再次进行尽职调查，也无须反担保。该模式提高了担保效率，降低了担保成本，有利于提升小微企业和"三农"领域融资的可得性，探索了银担合作新机制。

2020年12月，天津东疆保税港区创新融资担保基金（以下简称东疆创新融资担保基金）成立。该基金的设立主要是分担企业的融资担保风险，也能够在一定程度上降低企业的融资成本，为企业增信，提升融资可得性。东疆创新融资担保基金使担保融资风险由银行和担保机构两方承担的情况变成了由国家融资担保基金、天津市融资担保基金、天津市担保中心、银行、东疆担保基金五方共同承担，承担比例依次为20%、20%、30%、20%、10%，即"22321"风险分担机制。东疆创新融资担保基金承载了新型"政银担""租赁+"创新模式，在融资服务上，小微、双创、战略性新兴产业企业将极大受益。

（三）资产证券化

全国首单涉及集体土地的CMBS（商业房地产抵押贷款支持证券）在天津落地。以天津中北旺资产管理有限公司为发行人的"中北永旺梦乐城信托受益权资产支持专项计划"在上海证券交易所成功设立，这是全国首单集体建设用地使用权CMBS产品，也是天津区域首单地方国企CMBS，为今后市场同类产品的发行提供了经验借鉴。

天津经济开发区企业天津聚量商业保理公司成功发行全国首单完全基于交易信用的TABS（Tech+ABS）产品——红塔证券—聚量保理医药资产支持专项计划。该产品最突出的优势是突破了金融机构传统风险评估模式。天津聚量商业保理公司发挥物联网、区块链等科技优势，将企业底层资产包全面地数字化、透明化和可控化，全自动实现资产包内数万笔业务的逐笔验真、逐笔追踪和逐笔风险预警，改变了抽查验真的传统方法，使资产包的真实性与可信度大大提高，实现对复杂产业链的穿透和底层资产包的穿透控制，摆脱了不得不使用主体信用担保抵押或通过核心企业增信确权的传统风险评估模式的局面。实际上传统模式很难满足小微企业的融资需求，因为大多数民营中小企业既没有担保抵押也拿不到增信确权，从而被传统模式拒之门外。TABS产品基于数字化的资产包，使金融机构能够随时掌握资产动态，随时处置交易风险，使企业仅仅依赖交易信用即可达到融资目的，提高了民营中小企业的融资可得性，TABS也成为国内ABS（资产支持证券）市场业务模式的重要创新。

2020年6月，全国首批ABCP试点项目落户天津，ABCP是新型供应链金融产品，天津市有两家商业保理公司成功发行了资产支持商业票据产品（ABCP）。ABCP不仅安全便利，而且融资成本低，可滚动发行。

（四）生猪活体抵押贷款

为了支持生猪的稳产保供和价格稳定，在天津银保监局的指导下，天津辖内银行、保险和农担公司合作，打造了"业务互补、风险共担"的模式。在银行方面，利用猪脸识别、电子围栏等技术，以生猪活体作抵押；在保险方面，有商业性农业保险和贷款保证保险作保障；在担保方面，有农担公司，可以有力地降低养殖户的经济负担。

（五）FT账户复制推广工作稳步推进

2020年1月8日，在中国银行天津市分行举行了天津自贸区FT账户上线发布会。

在人民银行总行和人民银行上海总部的指导下，人民银行天津分行以风险可控为原则，积极支持招商银行天津分行、中国银行天津市分行上线 FT 账户系统。FT 账户上线以来，三方银行共同努力，发挥 FT 账户优势助力疫情防控和企业复工复产，便利实体企业经贸活动；创新推出"FT 分公司模式"，将 FT 账户政策红利辐射至京津冀地区，扩大政策创新溢出效应，已有多家区外企业落户天津自贸区，并开办 FT 账户；积极推动全功能型资金池投入运营，在结算便利、投融资创新、资本项目可兑换、利率汇率市场化等领域开拓创新。

得益于全功能型资金池建设，FT 账户的汇划手续便利、本外币合一、账户内资金可兑换、可用离岸市场汇价，能够为众多企业提供高效便捷的金融服务；FT 账户的离岸、在岸汇率及利率价格选择优势，可以帮助企业降低财务成本；FT 账户沟通境内外两个市场，可以帮助企业在境内外同时融资，减轻外债负担，有利于跨境企业更好地参与国际竞争；FT 账户可先支付后交单，减少支付等待时间，为企业增加便利。

（六）物流金融产品创新

在新发展格局下，中国必将努力降低贸易壁垒，势必激发贸易便利化的巨大潜力，中国的贸易便利化也急需进一步发展与突破。2020 年，中信银行天津分行办理了贸易收支便利化试点政策在天津落地后的首笔业务。试点前，企业贸易项下付汇基本均为货到付款方式，进口报关单核验量大，审核付汇资料耗时较长。试点后，单笔付汇业务处理时间缩短至 10 分钟以内，大幅提升了企业业务办理时效，减少了企业运营成本，提高了资金使用效率。未来，贸易便利化应当充分在"交易、物流、金融"之间发挥作用。

中国银行天津市分行多举措开展促进物流金融的发展。推出了用冻品质押的仓单融资创新模式；还推出了"航运在线通"产品，满足外贸企业客户的 B2B 支付业务需求。中国银行天津市分行推进"国际贸易单一窗口"业务，在助力通关一体化的基础上，进一步完善"交易、物流、金融"服务。

建设银行天津市分行借助金融科技和大数据建模优势，相继推出"信保贷""出口贷""退税贷"和"跨境e+"平台等"跨境快贷"产品，为小微外贸企业提供贸易融资服务的纯信用、全线上模式；通过"保贷通"业务向投保"小微企业贷款履约保证保险"的小微企业提供信贷支持；打造网络供应链产品"e信通"，解决链条企业尤其是小微、民营链条企业融资难、融资贵问题。

光大银行天津分行推出"物流全程通"产品，以网络货运平台为切入口，可为平台客户提供便捷高效的金融服务。浙商银行天津分行2020年也创新推出"仓单通"业务，并与仓储监管方合作完成首笔业务落地。

五 村镇银行等小微金融机构创新举措

天津津南村镇银行推出"心意贷""津疫贷""税务贷""复工复产贷"等创新产品。"津疫贷"信贷产品具有审批快、利率低的特点，可享受同期LPR减少10个基点的超低利率，尤其针对制造及采购医药用品、卫生防疫、公共卫生基础设施建设、科研攻关等相关企业。为津南区内小微企业有序复工复产作出了贡献。

天津宁河村镇银行从实际出发，体谅小微企业还款难的问题，打造"无还本续贷业务"，使企业无缝对接还款与续贷，减轻小微企业的还款压力，为客户解燃眉之急。

天津武清村镇银行推出了"同心贷""爱心贷"等专项针对疫情防控企业、防控人员的贷款产品，并开通线上申贷通道。

此外，天津华明村镇银行与天津滨海江淮村镇银行积极引导客户优先采用电子渠道办理结算、融资业务，尽量使客户足不出户就能完成业务办理，而且加快办理速度。天津华明村镇银行推出"复工贷"，惠及春耕备耕、个体工商户、禽畜养殖等领域，并推广网上扫码申贷模式，专人负责线上贷款平台，精准对接每一笔贷款申请；天津滨海江淮村镇银行进行"易贷卡手机银行操作流程"和"手机银行转账操作流程"等微信推送，推出"江淮三贷"扫码在线电话、银行业务线上预约等一系列便捷服务。天津滨海江淮村镇银行为客户量身设计"普惠贷""商易贷"等特色产品，满足小微客户紧急、短期的信贷需求。

六　金融产品和业务创新展望

（一）金融产品和业务创新现存问题

1. 金融产品创新同质化问题

目前，许多金融机构产品创新内在动力不足，创新比较被动，使同业模仿明显，存在同质化现象。归根结底，是因为金融机构没有积极地从客户角度出发，没有对市场进行深入调查研究，没有充分深入地了解市场。反观东疆，这些年取得了许多"全国第一"，尤其是融资租赁和商业保理领域的创新。东疆创新能力如此，很大程度上得益于其第一时间响应了企业的各种诉求。

2. 金融产品研发管理体制落后

大部分金融机构只有总部有研发产品的权力，分支机构没有创新产品的研发权，也没有研发的动力与配备，因而只能做简单的宣传和销售。而总部研发的产品，往往由于缺乏足够的针对性调查及对基层需求的认识不足，因而有效性和应用性大大降低。

（二）金融产品和业务创新方向

1. 进一步加强政企合作，营造良好的创新生态

天津要建设金融创新运营示范区，就必须营造一个良好的创新生态环境，在这方面，东疆是值得学习借鉴的。在东疆，海关、海事、外汇、税务等相关部门与管委会协同联动，形成了全周期服务租赁产业的良好生态。东疆管委会还成立了由专业人员组成的融资租赁促进局，专门牵头为企业提供专业化的贴身服务。东疆还是商业保理的聚集地之一，国内头部商业保理公司纷纷在天津落地、增资。最吸引企业的，除了天津的区位优势，就是东疆

的创新生态。天津市金融局等部门对商业保理行业的管理真正做到了"两手抓、两手硬"，奖罚分明，一步到位，"良币"驱逐了"劣币"，吸引了非常多的公司在天津落地。

2. 继续推进金融科技赋能多种类产品和业务创新

小微企业融资难、融资贵是个世界难题，因其普遍缺少抵押物而且抗风险能力弱，金融机构出于风控考虑不敢贷。近年来，天津探索打破政府部门之间的数据壁垒，变"数据鸿沟"为"信息畅通"，借助大数据、云计算、物联网等为小微企业"精准画像"，让金融机构爱贷、会贷。在金融科技赋能下，小微企业融资线上化已成为新常态。

进一步加大金融科技在涉农金融领域的有效应用，促进金融科技助力乡村振兴。此外，还要发挥金融科技在绿色金融、物流金融、租赁金融等方面的作用，全面释放科技活力。

3. 促进融资租赁实现新突破

在"十四五"时期，天津要加快打造金融创新运营示范区，促进银行等传统金融行业平稳发展，同时积极推进融资租赁业实现新突破。

争取中国金融租赁流转平台尽快完成，目前天津自贸区已建立了租赁登记平台，流转平台还未建成。流转平台的建设有利于市场的完善，从而更好地服务京津冀、环渤海租赁行业的高质量发展。

租赁业带动保险业共同发展。利用天津融资租赁业占全国八成以上的优势，扩展天津保险业的业务覆盖面，扩大保险责任范围，将保险业与租赁业有机交融，力求高质量发展。

2020年天津金融人才发展报告

周胜强　梁金涛[①]

摘　要： 金融业是现代经济的核心，在国民经济发展中发挥着重要作用。金融人才则是金融业繁荣发展的重要保证，是经济社会发展创新的不竭动力。2020年，天津经济稳步增长，金融人才队伍不断壮大，显示出较强的城市金融活力和人才集聚能力。本报告分析了天津金融人才的发展概况及面临的问题，并对未来政策的发展方向提出了具体建议。未来，天津市应进一步完善金融人才扶持政策，拓宽人才引进渠道，建立合理的人才流动机制。要发挥好市场配置人才资源的决定性作用，推动天津市金融人才的结构性调整，建立一支高素质、高层次的金融人才队伍，助力天津经济的高质量稳定发展。

关键词： 金融人才　金融科技　复合型人才

2020年，面对新冠肺炎疫情带来的严重冲击，天津市坚持以新发展理念引领高质量发展，扎实推进供给侧结构性改革，整体经济稳步回升，经济结构持续优化，双循环格局构建成效显著。与此同时，伴随着金融改革的不断深化，天津市金融产业结构不断优化，金融体系日益完善，金融市场日趋成熟，为天津市推进企业复工复产、打赢疫情防控攻坚战提供了有力支撑。任何成就的取得都离不开人才，人才是金融发展和创新的不竭动力，是地区经济发展的重要战略资源。随着国内外金融行业竞争的日益激烈，如何形成更

---

* 周胜强，中国人民银行天津分行营业管理部，经济师，研究方向为金融监管；梁金涛，天津财经大学金融学院硕士研究生，研究方向为国际金融。

高水平的人才培养机制和人才引进体系，成为未来天津市赢得金融人才竞争战、实现经济持续高质量发展的重中之重。未来，天津市应继续坚持贯彻新发展理念，加快人才体制机制建设，提高金融人才资源集聚能力，提升城市金融竞争力，推动天津经济持续健康发展。

一 天津金融人才基本概况

自2020年以来，天津市围绕"一区三基地"的建设目标和功能定位，坚持深化供给侧结构性改革，大力支持金融业态创新发展，推动产业结构优化转型。金融生态环境得到有效改善，金融服务水平和创新能力明显提高，天津市正以更富有活力的创新机制、更加开放包容的文化氛围吸引着来自世界各地的优秀企业和高端人才。创新是推动发展的核心要素，创新驱动实际上是人才驱动。国以才立，政以才治，业以才兴。人才是一个国家、一个地区经济发展最重要的战略资源，建立长效的人才培养机制、加强金融人才队伍建设是发挥好金融对实体经济的支持作用、实现社会高质量发展的必然要求。近年来，天津市坚持深入贯彻实施"海河英才"人才引进战略，不断加强高素质人才队伍培养建设，提升人才管理效率和服务水平，为经济社会实现高质量快速发展带来了鲜活动力。

2020年，天津市充分运用"云、网、线上"手段，简化人才审批流程，提升人才引进工作水平。自2020年6月8日起，天津市实现人才引进落户全流程网上办理。申请人办理程序可以在移动端全时段实现网上申报，不再受相关业务窗口开放时间的限制，同时通过建立人社、教育、公安三部门联审机制，人才落户申报和审批效率得到了切实提高。

从人才引进总量上看，"海河英才"政策成效显著。截至2020年12月底，"海河英才"专项计划累计引进专业技术人才35万人，本科以上学历超过七成。其中，战略性新兴产业人才引进总数达8.8万人，通过"企业提，政府办"等形式引进6900余名紧缺人才，有效缓解了企业人才需求问题。2020年，天津市通过举办"津洽会"人才智力引进活动、创业大赛等多种形式，积极招才引智，助力培养经济发展新动能。2020年6月2日，为对冲疫情影响，抢抓海外引才机遇，天津市面向全球启动首届"海河英才"海外人才创业大赛。大赛历时三个半月，通过云报名、云选拔、云峰会（决赛）等多项流程，着力选拔出一批具有示范性和创新性的优质项目，以"项目+团队"的方式鼓励其在天津落地发展，为后疫情时代经济复苏和社会发展提供智力支持。

同时，天津市高度重视人才服务团队建设，建立起旨在精准支持重点企业复工复产的"专家服务团"和提供政策解读、项目申报等服务的"海河英才"服务专员队伍，助力解决市级重点"项目+团队"在人才落户、职称评定等方面的需求1300余项，努力创造有利于人才发展的良好环境。此外，人才服务形式也得到极大地丰富和发展。通过运用"云手段"，天津市组织"天下英才，津等你来""'海河英才'云聘会"活动123场，服务企业1万余家，提供岗位7万余个，在线投递简历5.9万份。组织"海河英才"系列公益云讲堂105场，邀请包括国务院特殊津贴专家在内的120余名专家授课，发布线上课程580余门，累计培训7.6万人次。启动"海河英才"高层次人才新动能创新项目——"云超市"，在线展示推介580个新动能创新项目，为天津市新动能引育和高质量发展提供了人才智力支撑。

此外，天津市立足地方特色，高度重视融资租赁产业发展，不断巩固拓展融资租赁产业优势，于2020年9月建立中国·东疆租赁产业（人才）联盟。该联盟聚焦融资租赁产业发展，旨在加快国家租赁创新示范区建设，打造最优生态，实施最好监管，用融资租赁产业的新突破助推经济新发展。天津市还紧跟时代潮流，于2020年12月成立天津市互联网新经济人才创新创业联盟，抢抓机遇发展互联网经济，为推动天津互联网产业集群和人才高地建设创造良好条件。

近年来，天津市不断深化金融体制机制改革，加快出台人才新政，金融人才集聚能力得到有效提升，金融人才发展环境日趋完善。具体来说，主要包括以下四个方面。

（一）金融人才队伍不断壮大

伴随着金融业的快速发展，天津市金融人才规模不断扩大，金融从业人员数量稳步增长。2020年，天津金融机构从业人数为73074人，较2019年有所下降（见图1）。但整体来看，金融从业人员数量仍呈现上升趋势。

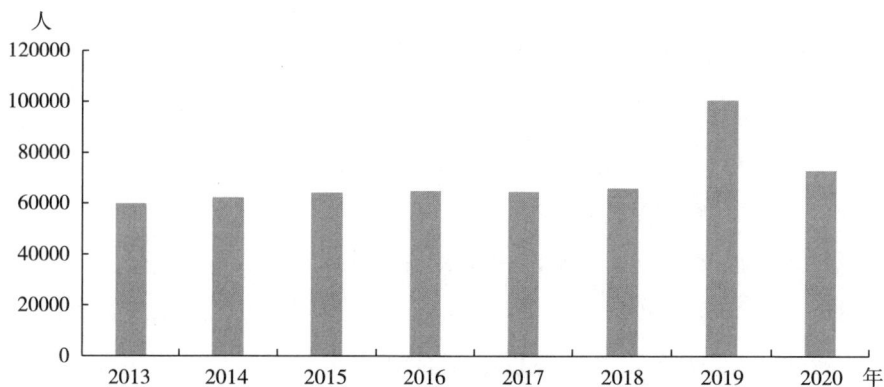

图1　2013—2020年天津市金融机构从业人数
（资料来源：Wind数据库）

从人员分布来看，银行业从业人员最多，占比高达64.06%。具体分布如图2所示，在银行业从业人员中，大型商业银行占比最高，达61%；其次是股份制商业银行，占22%；城市商业银行、政策性银行分别占16%和1%。

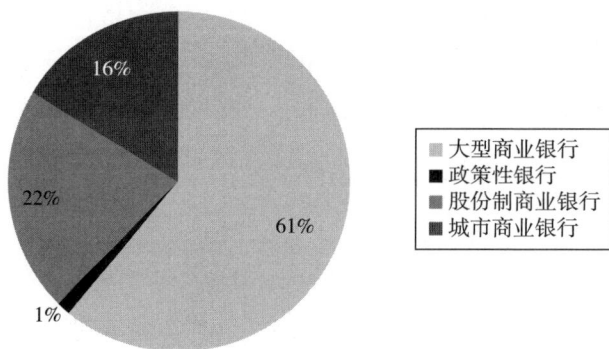

图例：
■ 大型商业银行
■ 政策性银行
■ 股份制商业银行
■ 城市商业银行

图2　2020年天津市银行业从业人员分布
（资料来源：Wind数据库）

（二）金融人才吸引力不断提升

中国金融中心指数（CDI CFCI）由我国综合开发研究院（深圳）编制，旨在反映国内金融中心发展建设情况，为相关部门和社会各界洞悉我国各城市金融竞争力提供前沿观察窗口。2020年12月4日，第十二期"中国金融中心指数"发布。数据显示，上海、北京、深圳位列全国金融中心前三甲，金融竞争优势明显，广州、杭州、成都、天津、重庆、南京、武汉、郑州、苏州、西安分别跻身区域金融中心十强，城市金融实力稳步增强。从综合竞争力排名来看，天津市位列全国第七名，与上年相同。而在法人金融机构、基金业务水平、金融开放水平、人才集聚能力等方面，天津市显现出较强的竞争力和影响力。在法人金融机构发展和金融人才集聚能力方面，天津均位于全国第四，仅次于北京、上海和深圳；在基金业发展水平层面，天津位列全国第五；在金融中心金融开放发展水平上，天津处于全国第六。从整体来看，天津市拥有较为雄厚的金融基础和发展潜力，近年来伴随着"海河英才"等落户和人才引进计划的实施，天津市金融实力和人才吸引力不断提升。

（三）金融人才业内流动频繁

近年来，金融行业人才流动频率呈现逐年增长的趋势，与其他行业相比，金融行业人员的平均在职时间明显缩短。

从人员流动构成来看，各金融机构对高素质人才的需求更加强烈，金融人才流动主要集中在高学历人才上；从人员流动区域来看，金融人才从内地流向沿海发达城市的总体趋势明显。值得注意的是，虽然金融行业人员流动不断加剧，但与其他行业相比，金融行业人才流动多为内部调整，跨行业跳槽现象并不普遍。领英网调查显示，从人才流向来看，金融机构流出人才中有82%最终仍然选择留在金融行业，相比其他行业，金融业仍具有较高的吸引力。而随着近年来互联网金融的发展，传统金融业的界限被打破，金融行业越来越偏好于拥有多行业知识背景的复合型人才，金融人才跨行业流动现象或将更加频繁。

（四）金融人才选、育、用、留机制初步形成

人才是地区发展最重要的战略资源，构建完善的人才选拔、任用和培育机制是实现增长动力转型和体制机制改革的重要保证，对于聚力打造金融人才高地、形成金融创新整体合力、实现经济长远发展具有重要意义。

天津市不断提高人才支持力度，推进人才发展体制改革，金融人才选、育、用、留机制初步形成。2020年7月30日，天津市人力资源和社会保障局印发《天津市关于促进劳动力和人才社会性流动体制机制改革的若干措施》（以下简称《措施》），着力于推进人才流动机制改革，实现人才有序流动和区域协调发展。针对人才选拔任用、人才培育、人才服务等多个方面，《措施》提出了切实可行的举措。在人才选拔和任用方面，《措施》进一步提高了对基层人才的重视程度，明确了职业资格与职称对应关系，拓宽了专业人才的职业晋升渠道，进一步调动了人才创新的活力。在人才培育方面，《措施》指出要推动教育体制和人才培育机制改革，加快学科试点建设；深化推进产教融合型试点城市建设，促进教育链、人才链与产业链、创新链有机衔接。在人才服务与保障方面，《措施》指出要进一步完善档案服务、户籍管理和公共服务制度，促进政府部门和人才服务机构之间就业信息和就业资源的共享，实现"一地存档，就近服务"，提高人才服务的便利度和满意度。

二 天津金融发展面临的困境

得益于一系列金融改革政策和人才引进计划的落地实施，天津市金融活力不断提升，金融人才队伍不断壮大，金融行业总体实现平稳快速发展。然而，企业自主引才积极性较弱、复合型金融人才短缺、金融人才服务体系不完善、海外人才短缺、政策协调性不足等问题仍然存在，天津市金融人才改革还有很长的路要走。

（一）企业自主引才积极性较弱

合理的人才引进方式应该以政策支持为基础、市场力量为主导的市场化过程，企业在人才引进过程中应扮演主要角色。本着促进地方经济发展的初衷，近几年天津市出台了大量人才引进支持政策，但也在一定程度上导致金融发展与人才开发过分依赖于政府支持的现象，企业自主开发人才的积极性不足。政府对于人才扶持和金融发展的高度积极性可能使一些金融企业产生较大的思想误区，出现政府已经十分重视人才开发工作、会对金融人才进行分配的错误观念。同时，一些企业对人才资源的基础性、重要性、战略性意义缺乏足够的认识，对人才的重视程度不足，没有给引进人才施展才能和创造价值的机会和平台，导致人才优先发展的理念没有落到实处。除此之外，过度依赖于政府的人才引进模式可能导致市场与人才资源的契合度不足，导致许多高层次人才虽然名义上被引入，但与本地市场需求不契合，不能很好地服务于本地经济社会的发展。

（二）复合型金融科技人才存在缺口

互联网科技的快速发展为社会创新和经济发展注入了新的动力，科技与产业深度融合推动着社会各行业的创新发展。以大数据、人工智能、移动互联为引领的科技革命，正在深刻改变着全球金融行业的竞争格局、产业形势和发展方式，"金融+科技"的融合发展模式成为金融业未来发展的必然趋势。

信息技术与传统金融业务深度融合，为金融业的创新发展提供了源源不断的动力。金融业与数字化网络技术的跨界耦合使传统金融学科的边界被打破，跨学科、跨领域的复合型人才成为未来金融发展的主力军。面对金融科技蓬勃发展的新形势，天津市金融业急需大量高素质的科技创新人才来支持金融产业的优化升级。然而现阶段天津市金融人才供给存在结构性矛盾，金融从业者中基础性人才占到了绝大多数，科技型人才占比较低，复合型金融人才存在大量缺口。究其原因，一方面，天津市缺乏专门培养机构和相关培养体系，金融科技人才培育能力不足；另一方面，高素质金融人才集聚能力相对较弱和高素质人才的流失，进一步加剧了天津市金融科技人才的匮乏。复合型金融人才的不足可能会成为未来天津市金融业持续发展的重大阻力，对天津市经济金融发展产生不利影响。

（三）金融人才服务体系有待完善

随着天津滨海新区建设的快速发展，各类金融机构入驻天津，天津金融机构种类日趋多元化，也引来了大量金融人才在津就业。然而，一些金融机构仍然存在着人才管理不够科学、内部激励机制不够完善、内部轮岗制度不够健全等问题。

在人才管理方面，部分金融机构对人力资源管理的重要性缺乏认识，仍然采用传统的命令式要求管理员工，管理体制僵化，导致机构内部缺乏活力，员工之间缺乏凝聚力；"重引用，轻使用"现象仍然广泛存在，市场化的竞争与淘汰机制不完善，绩效管理机制不健全，薪酬奖励机制单一，导致不同层次的员工薪酬水平差异较小，削弱了员工的工作动力和积极性；员工考评体系不科学，对员工绩效的评价更多建立在其工作成绩的基础上，而忽略其工作态度、服务质量，阻碍了金融机构服务水平和服务效率的提升。此外，人才激励与晋升机制不够健全，员工晋升通道不明确，对高层次人才吸引力不足，人才流失严重，也在一定程度上制约着天津市金融机构的转型升级和人才结构的优化。

（四）海外人才供给不足

伴随着金融全球化步伐的加快，金融机构对具有国际视野和开放意识的金融人才的需求与日俱增。近年来，天津市高度重视海外人才引进工作，积极推进天津（滨海）海外人才离岸创新创业基地建设，通过建立海外人才工作站、举办创业大赛、举行引才对接招聘会等多种形式拓展海外人才输送渠道。2020年，落地海外项目40余个，帮助对接人才项目80余个，提供人才信息 200 多条，形成了稳定的海外人才联络体系。然而，与北京、上海、广州等一线城市相比，海外人才供给规模仍然明显偏低，国际化人才集聚能力不足。经济金融的全球化必然要求金融人才的国际化，展望未来，天津市应当树立全球视野和战略眼光，进一步丰富人才引进政策和引进形式，提高对国际高端金融人才的吸引力，以更加优惠的政策、更加开放包容的姿态面对和拥抱国际人才，提升天津市金融活力和竞争力。

（五）忽视了高层次金融人才引进政策的协调性

金融人才引进政策是一项事关社会发展全局的重要政策，以"海河英才"为核心的人才引进计划，是天津市主动作为，为解决当地高端人才不足的重要手段。人才引进政策并不是孤立的，从其出台到落实往往需要公安、人事、财政、税务等多个部门的积极配合，还涉及各地区各部门之间财力、物力资源的合理调配，这都需要一系列相关配套政策来保证实施。然而，在目前人才政策的落地实施过程中，尚缺乏有效的信息反馈机制，导致政策只存在局部作用，政策之间协调性不足。金融人才引进、安置政策与其他政策之间的关系应当是连续、协调的，这样才能在大力引才、招才的同时，获得其他相关政策配合实施带来的正反馈作用，进一步提升人才引进政策实施的效率和效果。

三 天津金融人才发展政策建议

当前，我国经济已由高速增长阶段转向高质量发展阶段，经济发展前景总体向好，但也面临着转变经济发展方式、转换经济增长动力的艰巨任务，人才成为实现目标、推动社会前进的重要因素。

2021 年是"十四五"规划的开局之年，也是天津由全面建成高质量小康社会向全面建设社会主义现代化大都市迈进的起步之年。面对新目标、新挑战，天津市应抓住机遇，实施更加具有吸引力和多样化的人才政策，增强要素集聚能力，积极参与国际人才竞争，凝聚各方面力量推动天津发展。同时，还要利用好本地丰富的金融机构、高等院校资源，加强人才的培养工作，探索建立多元化主体协同培养的新模式，在提高金融人才供应数量的同时更要注重人才质量的提升，推动本地金融人才结构的优化和经济社会的健康发展。

（一）转变思想，发挥好市场配置人才资源的决定性作用

千秋功业，关键在人。人才资源是生产力发展的核心，是推动企业创新和地方经济发展方式转变的重要因素。高素质人才的引进，应当把握好人才发展和流动规律，发挥市场对人才资源的合理配置作用，注重人才结构与区域产业结构、市场需求的相互契合。

未来，天津市应当加快形成以市场为主导的人才引进模式。一是要推动政府人才管理职能转变，加快人才管理体制机制改革。规范人才行政管理工作，做到放管结合，发挥好其协调引导和服务辅助的作用。二是要赋予用人单位更多的自主权，保障和维护好用人主体自主聘任、分配和解聘的权利，加快形成市场化、合理化用人体系。此外，政府也要做好调研工作，充分把握城市产业布局和市场需求的特点，科学规划不同渠道和不同层次的人才引进工作，出台有针对性的人才引进政策，营造公平的竞争环境和发展空间，为引进高素质金融人才搭建更好的平台。

（二）完善金融人才扶持政策，提高人才吸引能力

环境好，则人才聚、事业兴；环境不好，则人才散、事业衰。良好的生活环境、工作环境和社会环境是人才成长发展的基础，也是吸引人才、留住人才的必要保障。天津市要以更加开放的政策和更加优惠的措施，营造爱才识才、聚才育才的社会氛围，努力形成"天下才天津用"的人才格局。

首先，要实施更加积极的人才政策，完善社会保障机制，切实解决好引进优秀人才在随迁落户、住房就医、子女入学等方面的困难；重视关爱人才，及时研究解决人才在生活工作中遇到的新问题、新情况，在全市营造识才敬才爱才之风。

其次，要创新人才管理体制机制，破除阻碍人才发展的制度性约束，推动人才创新创造活力的充分涌流；要高度重视平台建设，鼓励金融机构在政府人才补助、资金支持的基础上完善行业人才服务措施，真正贴近人才需求，营造适宜人才发展的行业环境。

最后，要加快现有人才评价机制改革，坚持柔性化管理的理念，通过设立科学的目标激励机制，实现压力和动力共存，促进各类人才才能的充分发挥和社会创新力量的充分释放；同时，要完善知识产权保护制度，加强创新成果保护，发挥好维权服务热线的服务作用和维权援助专家库的智库作用，保护好高端金融人才的合法权益。

（三）健全人才选拔任用机制，优化配置金融人才资源

金融机构是金融人才的主要归宿，也是提高天津城市金融实力和人才吸引能力的关键因素。面对竞争日益激烈的行业环境，金融机构应主动作为，树立"以人为本"的理念，建立更加科学的人才选拔和培育机制，努力为员工搭建起更加透明化、公开化的发展平台和晋升路线，创造关爱员工、尊重员工的良好氛围，增强员工和机构的凝聚力。要深入推进用人制度改革，更大限度地激发和释放人才活力，实现才能和职位的合理匹配，提高人才利用效率。进一步完善人力资源薪酬激励体制，改进人才评价方式，科学设计员工薪酬结构，探索"薪酬+福利+激励"的多元化薪酬奖励制度，调动好员工的工作热情和积极性，增加员工的认同感和归属感。同时，要加快制订科学的培训计划，加强对员工培训工作的支持力度，通过开展金融科技讲座、专业技能培训等多种形式，提高现有从业人员的专业素质和从业能力，推动天津市金融行业服务和发展水平的提升。

（四）拓宽人才引进渠道，精准对接海内外高端金融人才

未来，天津市应瞄准国内外高端金融人才，将工作重心放在引进国际化金融人才、金融领军人才上。加快天津滨海—中关村科技园、未来科技城京津合作示范区等重大承接载体建设，提升高端人才集聚能力。加强海内外人

才的引进力度，发挥好天津市人力资源和社会保障局海外人才工作站、招才引智专员、中国科协海外引才站点作用，实现人才信息互联互通，定期发布重点学科、重大项目等对海内外人才的需求信息，大力聚集海外高端人才。通过网络招聘、海外招聘、以赛选才、以才荐才等创新形式，加强留学回国人员创业园和创新成果孵化中心建设，帮助用人单位对接引进高层次海内外人才。注重柔性引才，支持高校、企业和研究所以项目为载体，柔性引进国内外知名专家、学者帮助解决科研技术难题。同时，要鼓励海内外高水平人才和团队携项目来天津就业创业，推动高科技成果在天津落地转化。

（五）加强金融人才培养，加快人才结构性调整

高校是为社会输送人才的主要渠道，在复合型人才培养和人才供给结构调整中发挥着重要作用。天津市应充分利用好本地的教育资源，加强金融人才培养体制机制改革，探寻人才培养新方式，激活金融人才创新培养动力，推动天津经济金融蓬勃发展。

首先，要加强学校、企业、政府三方的合作，探索建立多元主体协同培养的新模式。在政府相关鼓励政策推动下，建立以院校知识教学为基础、企业实际需求为导向的金融科技人才培养方式，推动产学教研的深度融合。

其次，高校在注重专业金融理论教育的同时，应注重培育学生的互联网思维，强化学生互联网思维的应用能力。高校可以通过搭建跨学科研究生培养平台，汇聚学科优势，鼓励学生跨学科开展学习探索，培养一批具有深厚知识基础和前沿互联网思维的复合型创新人才。

最后，高校可引入实验实训平台，构建与理论课程对接的实训体系。通过开展证券投资模拟、量化投资、衍生品交易、区块链金融等创新型实验平台，丰富教学资源，增强学生的实践能力和动手能力，将理论知识和实际操作相对接，培养符合新时代科技发展战略的实用型人才。

（六）建立人才合理流动机制，推动京津冀区域内人才资源共享

天津市作为金融创新运营示范区和改革开放先行区，具有独特的地理优

势和政策优势。近年来，京津冀一体化进程的快速推进，为天津市经济金融的发展带来了新的机遇，也为解决天津市金融人才困境提供了新的思路。未来，天津市应进一步完善人才资源流动与共享机制，推动京津冀一体化水平向更高水平迈进。第一，要加快搭建更高水平的跨区域人才交流平台，提高区域内人才交流联系的活跃度。第二，要进一步破除阻碍人才流动的体制机制性障碍，提升人才流动的便利性，推动建立人尽其才、才尽其用的社会机制；实施差异化的人才评价体系，避免过去"唯论文、唯职称、唯学历、唯奖项"的评价标准存在的弊端，突出业绩和贡献导向，推动人才评价标准的科学化与多元化。第三，要加快制定出台具有地方特色的人才引进政策，将城市特色与高水平人才引进制度相结合，打造有特色的城市名片，提高城市人才集聚能力。

B.6
2020年天津金融生态环境发展报告

王学龙　张　欢*

摘　要：金融生态环境的优良关系着金融业发展的程度及未来趋势。一个
良好的金融生态环境能够有力地推动金融保持良好的发展势头并
实现更高质量的发展。本报告通过数据与政策从金融基础设施、
法律信用环境、金融中介服务等方面详细阐述2020年天津市金融
生态环境的发展情况，指出当前天津市发展仍存在着经济基础有
待加强、信用体系建设不足、金融机构的风险管理机制有待完善
等问题。最后，本文认为未来天津市应大力挖掘区位优势，不断
提高金融服务质量，加强金融监管和信用体系建设，着力打造健
康稳定的金融生态环境，为天津经济发展增添金融动能。

关键词：金融生态环境　金融基础设施　金融监管　金融服务

一　天津金融生态环境现状

金融生态环境建设是金融业生存所依赖的重要外部环境，是金融发展的
重要环节，也是地区经济发展的重要因素。金融生态环境不仅关注金融市场
本身，而且涵盖了政治经济基础、法制建设、行政管理体制、社会信用建设
和企业发展状况等方面内容，涉及面更广，因此能更加全面地反映金融发展
整体状况。良好完善的金融生态环境不仅能够有效降低金融系统风险，促进

* 王学龙，天津财经大学金融学院副院长，教授，研究方向为国际结算、金融教育；张欢，天津
财经大学金融学院硕士研究生，研究方向为国际金融。

金融业稳定健康发展，并且对地区整体经济具有正向激励作用。

近年来，在天津市地方政府及相关部门高度重视并积极推动下，天津市金融生态环境建设取得积极进展，在促进经济发展中发挥了重大作用。

第一，区域经济平稳发展，结构性改革不断深化。经济与金融是社会发展不可或缺的两大重要动力，且二者具有相互促进的正向激励作用，即经济的发展会带动金融的发展，金融的发展又会进一步推动经济的发展，一个地区的经济发展水平正在成为决定该地区金融生态环境的核心要素。2020年，天津市地区生产总值为14083.73亿元，同比增长1.5%。三大产业增加值分别为210.18亿元、4804.08亿元和9069.47亿元（见图1）。产能下降取得了实际效果，2020年第四季度，全市规模以上工业产能利用率为78.8%，高于上年同期0.6个百分点。全年水泥产量下降17.2%，平板玻璃产量下降5.2%。减税降费工作有序开展，2020年末规模以上工业企业资产负债率为54.4%，全年规模以上工业企业百元营业收入成本为85.80元。投资补短板力度持续加大，天津市2020年社会领域投资增长12.8%，其中教育投资增长13.9%，文化体育和娱乐投资增长85.8%。

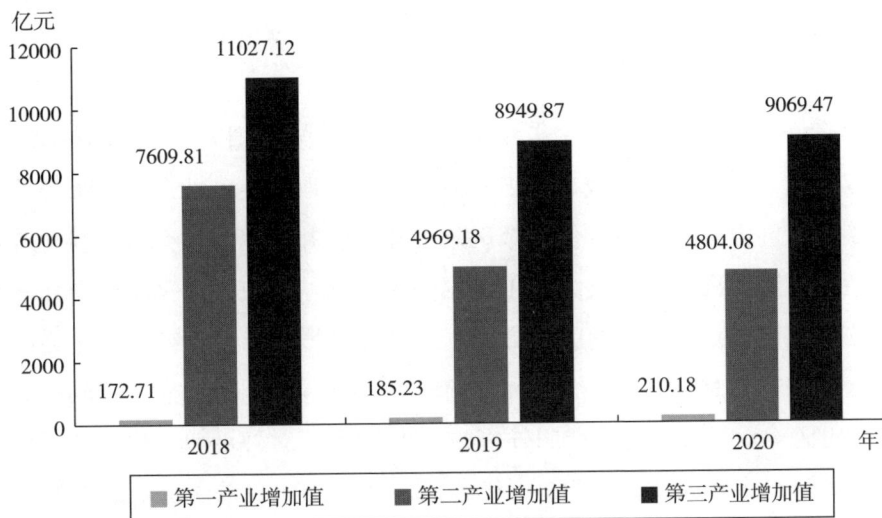

图1 2018—2020年天津市产业增加值

（资料来源：天津市统计局）

第二，金融市场运行平稳，社会融资规模稳步增长。截至2020年末，中外金融机构本外币存贷款余额和增速均创下历史纪录，各项存款余额为34145.00亿元，同比增长7.4%；各项贷款余额为38859.42亿元，同比增长7.5%。其中，制造业中长期贷款余额为1038.15亿元，增长27.6%。具体来看，证券市场发展卓有成效。截至2020年末，天津市共有78家上市公司，其中8家为当年新增上市公司，全市共有83只股票在境内外资本市场交易。截至2020年末，天津市共有证券账户626.15万户，同比增长12.8%。2020年各类证券交易额为61342.3亿元，同比增长53.6%。其中，股票交易额为36207.68亿元，增幅达69.8%；债券交易额为22430.06亿元，增幅低于股票交易额37.1个百分点；基金交易额为2535.10亿元，增幅低于股票交易额17个百分点；期货市场成交额为129552.13亿元，增幅低于股票交易额42.2个百分点。保险市场增长稳定，2020年末共有377家保险机构，保险公司从业人员为10.48万人。2020年原保险保费收入为672.09亿元，同比增长8.8%。其中，人身险保费收入为507.83亿元，同比增长9.1%；财产险保费收入为164.26亿元，增幅低于人身险保费收入1.2个百分点。2020年赔付支出为168.18亿元，同比增长6.3%。其中，人身险赔付84.54亿元，增长7.2%；财产险赔付83.64亿元，增幅低于人身险赔付1.7个百分点。2020年天津市社会融资规模增加4508亿元，同比多增1642亿元。

第三，金融开放程度进一步深化，招商引资取得积极成效。国内外经贸合作取得可喜成果，中蒙俄、中巴经济走廊建设取得突破性进展。天津稳步开展了中日健康产业发展合作示范区规划建设，并按期验收交付中埃·苏伊士经贸合作区保税仓库，还编制了中国—中东欧"17+1"国家农业合作示范区核心区建设规划。在招商引资方面，2020年新增境外企业99家，中方投资额增长3.3%，达16.48亿美元。天津市新批外商投资企业570家，合同外资额为362.48亿美元，实际直接利用外资47.35亿美元。对外承包工程新签合同额为59.2亿美元，完成营业额为56.7亿美元。2020年共引进内资项目3024个，实际利用内资2926.18亿元，同比增长1.5%。其中，引进服务业项目2281个，到位资金为2408.98亿元，约占82.3%；引进制造业项目491个，到位资金为

372.54亿元，约占12.7%。

第四，承接北京非首都功能疏解和支持雄安新区建设开创新局面。天津市出台了一系列政策和措施以支持京津冀合作发展，持续完善"滨海新区+其他15个区"的特色承接格局，充分突出天津市"一基地三区"城市功能和效益。2020年，北京地区在天津投资1262.27亿元，占全市利用内资比重的43.1%。天津滨海—中关村科技园新增注册企业666家，宝坻京津中关村科技城新增注册企业210家。天津港雄安绿色通道操作量为9694标准箱，天津市还签署了"世界一流津冀港口全面战略合作框架协议"，天津港雄安新区服务中心为雄安新区建设发展提供了有力支撑。

二 天津金融生态环境完善进度

2020年，天津市继续对金融生态环境建设保持高度关注，金融生态环境建设卓有成效。金融基础设施与法律环境持续改善，金融服务水平不断提升，绿色金融逐渐形成自身优势和特色，为天津市金融经济发展营造了良好的外部环境，极大地推动了地区产业持续向好发展。

（一）金融基础设施不断完善

1. 支付系统安全稳定，电子支付快速发展

一直以来，支付系统是社会和经济活动中引流资金的重要通道。近年来，天津市金融机构不断加快落实人民银行总行小额支付系统周末业务限额放开政策，极大地缩短了小额支付系统业务处理时间，不断提升资金汇划发起和到账速度，实现大额资金7×24小时及时到账，充分满足企业节假日大额资金汇划需求。2020年，天津市各类支付清算系统共处理人民币业务140.3万亿元，同比增长3.8%，增速高于上年2个百分点。2020年2月3日至3月4日，短短一个月时间内，天津市各类支付清算系统共办理业务1071.7万笔，涉及金额为6.78万亿元。2020年上半年，小额支付系统共处理支付业务19115.31亿元，同比增长达84%，实现了社会大额资金汇划"零间断"、到

账"零延迟"，进一步提高了公司资金周转效率，并节省资金使用成本。同时，农村支付环境建设取得积极进展，金融机构积极将移动支付向农村地区延伸，全年交易金额达7891.0亿元，同比增长28.0%。支付清算系统覆盖率达83.6%，基本覆盖天津所有乡镇。

电子支付业务发展迅速，资金结算高效畅通。迄今为止，天津已拥有20多个移动支付示范商圈，在地铁、公交、福彩投注等"十大便民场景"实现了移动支付的广泛应用。多家金融机构共同打造"小二生活"服务平台项目以扶持小微商户。截至2020年末，"小二生活"服务平台入驻商户已达9.5万户。该项目立足于服务与民生密切相关的小微企业及个体工商户，以"云闪付"App为线上载体，"银联小二"收款码牌为线下终端，利用线下收单、线上领取优惠券、商户线上申请低息信用贷款等方式，将线上线下、支付融资、供需双方联动起来，创建"支付+场景+金融"的服务产品，提供与人们各种生活场景息息相关的综合便利服务，真正实现惠民、惠商、惠银的多方共赢。

自新冠肺炎疫情暴发后，人民银行天津分行指导银行机构开设"绿色通道"，借助科技手段，采用电子方式保证资金高效汇划，全力支持企业复工复产。2020年上半年，金融机构通过电子渠道为企业在线办理支付结算业务880余万笔，金额为2.57万亿元。此外，在人民银行天津分行的指导下，渤海银行成功启动了人民币跨境收付信息报送系统，成为天津首家直联接入该系统的法人银行。

2. 征信基础设施建设稳中有进，信用环境持续向好

第一，征信基础设施不断完善。截至2020年末，天津市已设立47家个人信用报告自助查询网点，多家金融机构启动了网上银行、手机银行渠道查询企业信用报告。据统计，2020年通过自助查询机查询个人信用报告67.8万笔，通过柜台和网银查询企业信用报告2.4万余笔。积极推进农户信用档案电子化建设工作，为45.6万户农户建立了信用档案。此外，人民银行天津分行与天津消防救援总队签署了《关于金融信用信息基础数据库采集消防安全领域严重失信行为信息的合作备忘录》，将消防安全领域中的失信行为及与失

信行为相关的行政处罚基础数据和信息全部纳入征信系统，金融机构将以此作为是否融资和授信的重要依据。金融机构与消防救援总队关于征信的联合合作有利于鼓励失信主体纠正和改善不当行为，促进消防安全管理水平的提高和征信工作机制的完善。

第二，信贷服务市场初步形成。天津市社会信用体系建设成效显著，在年中的全国城市信用监测评价中，天津市位列第11，较上年提升18名。当前，天津市主要行业和区域信用建设取得新成就，基本形成了多种信用服务机构、多层次业务模式、多样化信用服务产品、多领域产品应用的良好生态环境和发展格局。信用服务机构种类不断丰富，具体包括信用评级、信用担保、信用征信、动产融资登记等。信用服务场景日趋多元，信用服务产品广泛应用于企业贷款、信用保证、消费者信贷和商业活动等领域。在行政审批、市场准入和资格认定方面，政府部门率先使用信用报告及其他信用产品，信用产品的市场化水平不断提高。此外，以动产融资统一登记平台为重要载体，平台及时发布动产所有权状况和其他商业信用信息，增加信息公开透明度和覆盖范围，推动建立统一的电子动产信息登记平台。人民群众在征信领域的获得感和安全感不断提升，天津市诚信意识和诚信水平不断提高。

3. 自贸区 FT 账户业务发展迅速

一直以来，天津自贸区致力于建设开放型经济，这一过程离不开FT账户这一重要的金融基础设施。FT账户将本币和外币账户功能结合在一起，充分发挥离岸市场汇价的优势，实现资金在两个账户内方便且高效划转的同时，为企业提供更加优质的金融服务。天津市大力推动FT账户业务发展，截至2020年末，FT主账户有800多个，收支规模突破千亿元，提升了天津自贸区全面融合发展水平。此外，天津自贸区还创新推出"FT分公司模式"，将FT账户政策红利辐射至京津冀地区，为自贸区以外的企业享受FT账户政策红利搭建了绿色通道。截至2020年11月底，该地区以外的4家公司陆续进入自贸区机场片区并开设FT账户开展业务。

（二）法律环境持续改善

1. 金融法治体系建设取得积极进展

法律环境由金融法规、规章、金融执法、金融诉讼仲裁环境等若干反映法律环境的要素构成。完善的金融法律制度能够有效防范金融风险，保障金融交易的有序进行。近年来，天津市政府高度重视金融立法工作，大力推进金融体系的建设工作。2020年天津市出台了一系列金融相关政策来推动金融业的稳定发展，主要集中于改善金融环境、提高融资效率、优化营商环境、支持民营企业和科技企业发展等方面（见表1）。

表1　2020—2021年天津重要金融政策指示

发布时间	文件名称	发布机构
2020年1月4日	《融资租赁公司"黑名单"制度》	天津市地方金融监督管理局
2020年1月28日	《天津法院民间借贷案件审理指南（试行）》	天津市高级人民法院
2020年1月31日	《关于加强和改进当前金融服务 全力支持打赢疫情防控阻击战的通知》	中国人民银行天津分行
2020年9月14日	《关于支持企业上市融资加快新动能引育的有关政策》	天津市金融局、天津市财政局
2020年8月31日	《关于引导我市融资租赁公司合规发展汽车融资租赁业务的意见》	天津市地方金融监督管理局
2020年11月20日	《关于进一步推动天津市绿色金融创新发展的指导意见》	中国人民银行天津分行
2020年12月11日	《天津市优化营商环境三年行动计划》	天津市人民政府

资料来源：根据公开资料整理。

2. 金融监管力度不断加大

2020年，天津市地方金融监管局继续加大监管力度，对天津盛富商业保理有限公司等105家商业保理公司进行立案调查，开展融资租赁公司监管评级工作，建立起融资租赁公司自评、区金融局初评和市金融局复评工作流程，全面核实辖区融资租赁公司的内部控制、风险管理和合规经营等情况，大力支持优质合规机构进一步提升服务实体经济效能。2020年7月，天津市金融局、天津市第三中级人民法院与滨海新区人民法院共同启动金融商事审判与金融监管服务保障金融市场健康发展沟通协调工作机制，搭建执法机关与金融监管部门之间信息共享与交流对接平台，促进司法审判与政府监督相辅相成，及时有效解决金融纠纷，推动金融市场持续健康发展。2021年3月，天津市金融局制定印发了《天津市地方金融组织监管评级与分类监管工作指引》，建立健全地方金融组织分类监管制度体系，为进一步强化地方金融组织监督管理，完善天津金融组织监管体系，优化配置监管资源，促进天津地区金融业持续健康发展提供了有效的制度保障。

（三）金融服务水平实现提升

1. 金融消费者权益保护工作平稳进行

第一，金融知识传播和普及力度不断加大。保护金融消费者权益免遭侵犯是维护金融稳定的出发点和落脚点，金融消费者的权益能否得到应有的保护不仅关系到银行业能否实现健康可持续发展，还事关社会公平正义与社会和谐环境能否实现。2020年，天津市地方金融监督管理局发布《市金融局关于做好地方金融消费者权益保护工作的通知》，明确指出地方金融组织应当建立健全消费者适当性制度，协调、督促会员单位建立维护消费者合法权益的措施和规定。天津市各金融机构积极响应组织号召，结合自身特点创新宣传方式、扩大宣传渠道、增强宣传影响力，提高消费者对金融产品和服务的认知水平，增强消费者的风险防范意识及依法维护合法权利的能力。2020年累计开展活动7700余次，受众消费者人数约520万余人，发放宣传资料约84万份，线上渠道发布量约1.5万次，点击量约489万次。农业银行天津市分行利用各类微信公众号、订阅号、微博等线上渠道，普及各项金融服务政策，并联合人民银行天津分行设计制作了"小小银行家"系列绘本，上线"津"融云课堂；光大银行天津分行针对老人群体开展金融宣传活动，提高老年人风险防范意识；渤海银行天津分行充分发挥网点和网络宣传优势，通过媒体播放设备投放电子海报，强化对金融消费者信息保护与风险防范意识教育。

第二，畅通金融消费者投诉渠道。在新冠肺炎疫情特殊时期，人民银行天津分行指导金融机构在减少人员聚集、确保人员安全的基础上畅通线上投诉咨询渠道，结合疫情防控期间总分行各项金融政策，及早更新金融消费权益保护知识库并优化咨询和投诉流程，确保疫情防控期间12363金融消费咨询和投诉业务应答准确，及时有效处理各类金融咨询和投诉。邮政储蓄银行天津分行借助金融科技力量，充分发挥智能客服和语音导航作用，利用线上方式优化服务流程，为客户提供远程指导和服务，并做好宣传说明、投诉受理等工作，为保护金融消费者合法权益保驾护航。

2.老年金融服务日趋便利化

伴随着科技的飞速发展，银行转型的步伐越来越快，传统的柜台逐渐消失于人们的视线之中，取而代之的是智能设备的不断增加。由于种种原因，老年客群对新兴事物的接受度有待提高，尚不能完全适应新型智能设备。针对这一问题，人民银行天津分行认真落实有关工作部署，指导地方金融机构建立《老年客户服务规范》，指导银行在手机银行App上推出适用于老年群体的"简化版"界面，并灵活配备服务力量；在业务办理相对集中的高峰时段开辟业务办理"快车道"，缩短业务办理时间；针对外省市或行动不便的老年群体，推出线上核实和上门核实等柜台延伸服务。在促进老年客群金融服务便利化水平方面取得了突破性进展。

（四）营商环境持续优化

1.跨境贸易便利化程度不断提高

天津地区加快推进智慧港口建设，启动关港"集疏港智慧平台"，充分打通各节点信息堵点，形成了"海关通关+货物装卸"的业务模式，并应用科技赋能监控指挥平台，全面提升港口运作效率和智能化水平。2020年12月，天津自贸区上线首批全功能资金池，跨境资金收付便利的优势为跨国企业集团调拨全球财务资金提供了广阔的自由空间，有利于吸引更多跨国企业集团入驻天津。天津市还联合北京、河北两地，共同开展跨境贸易便利化专项行动，探索建立联动机制，并逐步形成可复制推广的经验。此外，天津滨海新区在改善投融资环境、完善金融服务、规范法制运行及聚集高端产业方面不断探索金融领域改革创新便利措施，有效发挥了对周边地区的辐射带动作用。

2.政府、银行、企业发挥合力

2020年9月，由中国银联天津分公司开发、在中国银联"云闪付"App上搭建的政银企融资对接平台——"津e融"正式上线。截至2020年末，已有中国银行、农业银行、光大银行、天津银行等14家各类银行与中国银联天津分公司建立合作关系，注册用户达10.1万户，10845家企业通过平台提出需求，获得贷款 8.2 亿元，为天津市市场主体开展融资对接提供了便捷、高效的对接平台，也为支持稳企业保就业，全面助力经济稳步复苏"加速跑"彰显了"天津速度"。"津e融"平台对企业和银行均免费开放，通过创新公平透明的交易规则和撮合流程，使各类企业能便捷享受各种金融资源；企业在平台一次申请，便可享受系统多轮推送至国有商业银行、股份制商业银行和地方法人银行的多层次金融服务。

2020年12月，天津市政府采购合同线上融资业务系统正式上线启动，立足于政府采购项目，这一平台将所有业务数据上线，使数据在中征应收账款融资平台与金融机构间实现自动传输和交互，此举有效提高了审贷时效，较好地满足了政府融资供应商的"短期、频繁、快速"的融资需求，提高了企业融资效率。此外，农业发展银行天津分行创新推出了"政府+农发行+承贷企业+对口支援地区企业+帮扶地区贫困人口"的业务模式，充分体现了政府、银行和公司共同努力实现东西部协作扶贫的决心和能力，帮助对口支援地区贫困人口实现收入增加和生活水平的提高。

（五）绿色金融逐渐形成自身优势和特色

1.绿色金融市场规模持续扩大

近年来，天津市绿色金融发展机制日渐成熟，经济和环境效益有序彰显，为区域产业升级和经济绿色发展提供助力支持。首先，绿色信贷规模增长迅速。截至2020年末，天津市本外币绿色贷款余额为3449.16亿元，同比增长12.35%，高于同期本外币各项贷款增速4.83个百分点。其中，单位绿色贷

101

款余额为3445.78亿元，占同期企事业单位贷款的12.31%，高于全国1.51个百分点。其次，绿色租赁特色优势不断强化。作为我国融资租赁高地，天津绿色租赁业务走在全国先列，截至2020年末，天津共有金融租赁公司12家，其中已开展绿色租赁业务的公司有10家，绿色贷款余额为1101.12亿元，占全市绿色贷款余额的29.61%，积极助力传统产业绿色升级。最后，绿色债券发行规模快速增加。2017—2020年，天津市共发行绿色债券20只，其中2020年发行10只，规模达75.55亿元，数量和规模与近几年相比都有显著增长。绿色债券的种类也更加丰富，包括绿色中期票据、绿色资产支持证券等。

2.碳交易市场运行体系不断完善

在人民银行天津分行的推动下，2020年4月30日，天津市首笔碳配额质押融资业务落地，2021年3月9日，全国首单"碳中和"资产支持票据在天津落地。值得一提的是，在全国八个试点省市中，天津是唯一一个既参与了低碳省区和低碳城市温室气体排放清单编制，又开展了区域碳排放权交易试点的直辖市，形成了较为完善的运行体系。2020年，天津碳配额总交易量为999万吨，总成交金额为2.41亿元，分别占我国碳市场的13%和11%，位列全国第三。碳交易市场呈现出企业履约率高、市场制度完善、基础条件成熟、管理规范有序的突出优势。

三　天津金融生态发展存在的问题及未来展望

天津市金融生态环境建设虽然取得一定成就，但相对优势仍显不足，具体体现在以下三个方面。

第一，经济基础需要进一步加强。经济基础是金融业发展和金融生态环境建设不容忽视的关键因素，实体经济决定着金融机构服务的目标群体和发展空间。与经济发达地区相比，天津市的经济总量比较小，辐射和带动邻近地区经济发展的能力有限，经济增长方式相对粗放，产业结构仍存在很大的优化空间。这些问题影响了天津市经济对金融生态环境建设的支持效果及防范和化解重大金融风险的能力。

第二，信用体系建设存在不足。天津市社会信用体系建设虽然取得了阶段性进展，但仍存在一些问题亟待解决。一是尚未形成完备有效的信用法规制度和标准规范，各规章之间缺乏协调，守信激励和失信惩罚机制尚不完善。二是信用工作推进机制有待完善。信用体系存在区域化的特点，能够覆盖天津市乃至全国的信用信息系统还未落地；公共信用信息的记录、收集和共享水平有待提高，信用信息收集难度大、费用高的问题仍未解决。三是信用服务市场发展缓慢，征信机构发展水平参差不齐，从业人员素质较低，经济主体信用意识薄弱导致信用服务机构的市场化程度仍处于较低水平。

第三，金融机构的风险管理机制尚不成熟。风险管理机制的不完善甚至缺失是不良贷款增加的导火索。从天津市2020年的金融数据来看，年末天津银行业不良贷款率为3.04%，相比北京的0.55%和深圳的1.48%仍存在很大差距。天津市本外币贷款余额为38859.4亿元，不足北京（84308.8亿元）的一半，但不良贷款余额却远高于北京，这说明天津的金融贷款存在比较大的安全隐患。健全的金融机构风险管理机制是金融服务业发展的基石，天津市需要尽快完善金融机构风险管理的体制机制，保障金融系统平稳健康运行。

针对天津市金融生态环境现状与面临的问题，现提出以下四点对策建议。

（一）改善经济运行质量，促进区域金融生态环境发展

1.大力挖掘区位优势

天津市在区位、产业、港口、交通等方面具有得天独厚的优势，并在"一基地三区"建设方面积累了丰富的经验。下一步，天津市应结合国家产业政策、自身资源地理等方面的优势深入挖掘当地亮点，制定科学的发展战略，优化经济结构，充分发挥天津经济的比较优势，实施比较优势发展战略。可以先行先试大力发展离岸金融业务；发展OTC市场，完善区域证券市场体系；以开发滨海新区为契机，探索银行、证券、保险等行业间可复制、可推广的合作新模式，并逐步将业务范围延伸至京津冀地区，为三地金融业的发展注入活力和动力。同时，坚持把京津冀协同发展作为促进天津高质量

发展的坚固根基和内在动力，推动产业结构优化升级。

2.建立良好的"银政企"合作关系

组织建立政府、银行、企业间公开透明的信息共享和监督管理平台，发挥政府监管、金融机构内部控制与科技企业创新三方合力，构建多维度科技金融治理体系，实现多方合作共赢。政府在工业化和城市化建设中发挥着领导作用，应及时准确地通过媒体等多条渠道向社会和金融机构发布经济和社会信息，打通信息壁垒，畅通信息传递。向银行等金融机构宣传介绍优质企业项目，鼓励银行在全面了解实际情况的基础上提高对授信工作的效率和质量，全力支持实体经济发展。同时，政府在制定相关经济发展计划和政策以支持企业发展时，需要及时通知不同行业，并参考金融部门的意见和建议。此外，金融部门也应积极加强与政府的联系和沟通，定期报告政策执行情况，真正形成"政银企"良性循环。

（二）提高金融服务水平，支持实体经济发展

1.继续提高企业融资便利度

第一，降低企业融资成本。鼓励商业银行根据中小微企业的实际经营情况实行差异化贷款定价策略，合理控制信贷风险。完善政府的贷款担保制度，充分发挥贷款担保发展基金作用，为中小企业贷款提供担保。第二，扩大融资渠道，建立以融资担保平台、咨询服务平台、资本市场融资促进平台、监督管理服务平台为核心的多层次中小企业融资平台。通过改革和创新金融服务业，为实体经济特别是制造业面临的筹集资金困难问题提供有效的解决方法。鼓励企业抓住科创板、创业板注册制改革机遇，借助资本市场力量实现快速发展。充分发挥产业发展基金作用，促进高端装备制造业、智能科技、生物医药和新能源、新材料行业发展。第三，提高融资效率。加快中小企业融资信贷服务平台建设，提高平台推送信贷服务功能智能化水平，加快"网络银税互动服务平台"的推广应用，让更多企业享受"津e融"在线政银企融资服务渠道带来的便利，提高受益企业数量和融资规模，推进中征应收账款融资服务平台与天津市政府采购系统信息共享。

2. 提升金融运营水平

积极吸引承接金融资源，引进设立持牌金融机构。以整合重组、增资扩股等方式提高金融机构综合实力，努力建设一批实力过硬、在国内外具有重大竞争力和话语权的法人金融机构。为补足证券业法人机构数量少的短板，积极引进设立基金管理公司等金融机构总部及事业部、专业子公司和分支机构，推动在天津设立金融控股公司和互联网保险法人机构。创新供应链金融服务，积极发展存货、仓单、订单及票据贴现、质押等融资业务，为中小微企业提供全流程融资服务。支持金融机构、商业保理公司和企业充分利用中征应收账款融资服务平台，扩大应收账款融资规模。

3. 金融与科技深度融合

大数据、区块链、云计算等新兴技术的出现为金融生态环境建设工作提供了新的思路和方法，科技越来越成为优化金融生态环境不可或缺的重要因素，只有将互联网技术恰当地应用于传统金融业，不断打造金融新生态应用场景，才能使金融生态环境始终保持旺盛的生命力。天津市金融机构应加快基础设施更新和信息化建设步伐，充分借助互联网信息技术挖掘客户金融需求，推动金融机构经营模式和业务模式的转变，加快银行数字化转型，创新金融产品和金融服务方式，提高服务的线上化水平和便利化程度，促进达成"技术、信息、客户"的互联互通。通过银行各条线实现"业务、数据、资源"共享共用，从而提升金融机构服务效率，扩大金融机构服务范围，促进金融生态不断优化升级，发挥金融科技对金融创新和经济增长的推动作用。

（三）推进信用体系建设，构建良好的信用氛围

1. 加强信用数据库建设

建立信用信息登记平台，对金融行业的从业人员及金融机构建立信用记录，推行信用报告，进行全面的公共信用评估，建立健全自然人信用评估体系。同时，建立公共信用信息同金融信息共享整合机制，加强京津冀三地金融机构间合作，完善以信用为基础的新型监管机制，加大信用信息透明度。引导金融科技头部企业投资企业征信、信用评级领域，推动多元化市场主体

共同发展。探索扩大外部信用评级在商业银行风险资产计量中的应用，促进内外评级相结合，激励评级机构提供高质量的评级服务。

2. 建立完善守信激励和失信惩罚机制

守信激励和失信惩罚是社会信用体系平稳运行的重要机制，也是维护市场正常秩序的根本对策。天津市应健全信用法规制度和标准规范体系，建立各地区和部门之间的联合信贷补偿和失信行为奖惩制度，建立企业信用信息共享和评级平台，加大对金融诈骗、非法集资、内幕交易、骗保骗赔等失信行为的惩治力度，为金融市场平稳运行营造良好的信用环境。深入推进京津冀信用体系合作共建，完善信用协同机制。深度激发信用服务需求，引进和培育信用服务机构，繁荣信用服务市场。鼓励金融机构在风险决策与管理、证券发行等方面使用信用服务机构的产品与服务，维护金融消费者合法权益。鼓励金融机构推出创新性金融信用产品用于满足中小型企业融资需求，并努力破解"三农"建设发展面临的融资困境，全面改善金融服务水平。

（四）加大金融监管力度，推动金融生态法治环境建设

1. 营造良好的政策环境和制度创新环境

金融生态环境的良性发展离不开完善合理的政策和制度支撑。政策规划和指导是引导金融业向着更加稳健、健康、积极的方向发展的方向标。天津市应加强法律制度核心地位建设，加强对法律法规的传播及执行情况的监管，完善金融法律环境。一是以政策为传导中介，优化和完善金融发展外部环境，把优化金融生态环境纳入经济社会发展总体规划，形成区域金融生态环境建设的规范性框架。二是加大金融案件的执法力度，充分保障司法的权威性，提高金融类案件审判与执法力度。三是明确金融产权的界定，从法律层面规范金融机构的贷款行为。四是提高依法执政水平，规范执法主体，严格执法程序，提高金融执法队伍的素质。

2. 明确监管主体职责与范围

明确监管主体及参与部门的职责与范围，规范监管机构行为，强化各部门之间的沟通与协作意识，建立信息资源互助平台和交流协作工作机制。建

立健全信息共享和报告机制，做好集中统一的协调、调度、专项行动和强化宣传等工作，提高处理风险事件的效率与能力。在总结已有经验的基础上，金融监管部门应当继续加码升级对于金融机构的日常监管力度，监督金融机构依法合规经营，维持地方金融体系有序运营，积极防范重大金融风险的发生。

3. 充分发挥互联网技术在监管方面的作用

互联网技术的应用有利于金融监管机构更准确、快速地完成合规审查，减少人力资源浪费，有助于精准实时把控金融市场的各种变化，并动态匹配调整监督管理政策和风险防范措施，从而帮助金融机构落实和执行监管政策，如期取得监管效果。金融机构也可以借助互联网技术开展业务风险水平自查，主动发现金融风险，及早采取风险控制措施能够降低经营成本，提高经营管理水平。例如，利用区块链等先进科技手段从而实现交易凭证的数字化和自由拆分，增加交易票据的流动性，从而提高企业信用穿透能力。

Ⅲ　专题报告

Special Report

B.7
自贸试验区金融改革驱动京津冀产业
高质量协同发展研究

武义青　方云龙[*]

摘　要：随着京津冀一体化战略的深入实施，京津冀产业协同发展成效显
　　　　著。三地产业分工格局日趋明朗、产业结构不断优化、产业协同
　　　　程度不断提高。但是由于三地产业结构存在较大差异、区域间的
　　　　协调机制不够完善、缺乏协调的法律制度等因素的制约，京津冀
　　　　区域内仍存在主导产业布局不合理、新增长极不明显、产业协同
　　　　水平不高、创新能力不足等问题。有效的金融支持是促进产业结
　　　　构升级，驱动区域产业协同发展的必要保障，而金融改革创新是
　　　　我国自贸试验区政策创新的重点内容。本文以自贸试验区建设为

---

　*　本文根据天津财经大学中国滨海金融协同创新中心2020年重点研究课题《自由贸易试验区推动
京津冀经济高质量协同发展研究》结项报告（课题牵头人：王爱俭。课题组成员：方云龙、
王韩、刘浩杰、刘泊静）、《京津冀产业协同高质量发展研究》结项报告（课题牵头人：武
义青。课题组成员：刘海云、张彦丽）整理而得。本文主要执笔人：方云龙。

契机，从金融支持、制度创新、错位发展、打造经济增长极、创新协同模式等方面提出促进京津冀地区产业高质量发展的对策建议。

关键词： 京津冀一体化　自贸试验区　金融改革创新　产业协同　高质量发展

自以习近平同志为核心的党中央将京津冀协同发展上升为国家战略以来，京津冀一体化发展便进入新阶段。随着京津冀协同发展战略的不断推进和实施，京津冀区域经济实力明显提升，产业结构不断优化，协同程度不断提高。2014—2019年，京津冀地区生产总值由66478.9亿元增加至84580.1亿元，增加了18101.2亿元。同时，京津冀三地在交通、生态环保、扶贫、教育、医疗卫生等方面的协同发展也取得实际效果。产业协同升级往往需要稳定的资金保障，创新投融资模式、改善金融结构是产业优化升级的重要保障，而金融改革创新是我国自贸试验区政策创新的重要内容。截至2020年9月，我国京津冀三地都设立了自贸试验区，三地自贸试验区的金融改革与金融协同发展必将为区域产业升级与协同发展提供有力的金融驱动。

一　自贸试验区金融改革促进产业协同发展的理论分析

（一）自贸试验区促进区域产业结构升级的理论研究

自贸试验区支持者主要以Hamada（1974）、Krugman（1979）等学者为代表，他们认为，作为世界范围内经贸自由度最高的特殊区域之一，自贸试验区可以通过破除贸易壁垒实现经济要素的重新流动集聚，从而拉动区域的产业分工和区位选择，为区域产业结构的优化调整提供强大动力。黎绍凯等（2019）发现，上海自贸试验区建设明显推动了区域产业结构高级化发展，即提高了产业的科技含量，且政策效果存在虹吸效应。方云龙（2020）以上海、天津、广东、福建四大自贸试验区为例，通过实证研究发现，自贸试验区的设立是众多影响产业结构优化升级要素中的核心要素，他认为产业结构升级包含产业结构合理化和高度化两个维度。作为中国构建全面开放新格局中的重要载体，自贸试验区的一系列制度创新，打破了原有经济秩序下的传统分工和要素分配，其对接高标准国际投资贸易规则的核心举措，将会吸引各类高端经济要素的加速集聚，从而驱动形成全新的产业格局。从政策实践角度来看，自贸试验区"负面清单管理"的特殊模式优势，给政府进行了"确权"，有效"治愈"了政府的"多动症"（黄奇帆，2018），使政府真正成为市场的"守夜人"，为实现自身利益的最大化，市场主体会对生产要素进行考量，对生产区位进行重新选择，自贸试验区的"制度红利"会加速市场主体向该区域集聚，进而为产业结构优化调整奠定坚实的基础，这在客观上也实现了宏观经济的帕累托最优；从国际市场来看，自贸试验区将高度对标国际经贸规则，相关优惠政策会对国际高端生产要素产生强大的吸引力，在这种情况下，产业结构从国际分工中以被动型的要素禀赋参与为主转向了主动型的产业博弈和再调整为主。中国自贸试验区作为新一轮制度创新的桥头堡，必将释放出巨大的制度红利，成为全面开放新格局下引领区域产业结构向合理化和高度化维度调整的重要引擎。

（二）金融支持产业结构升级的学理分析

早在20世纪60年代，就有学者开始关注金融资本与产业结构升级之间的相互关系。Goldsmith（1969）认为，金融发展能明显驱动产业结构的优化调整，运转良好的金融市场、完善的金融制度及市场化的金融业营商环境等都可以吸收更多的社会闲置资金，资金的积累效应增大资金规模，而规模效应可以有效提高资金使用效率，为产业结构升级提供资金保障。沿袭上述研究逻辑，并且随着社会实践的发展，国内学者也开始关注金融与产业之间的关系。刘世锦（1996）认为，金融的本质是为实体经济服务、为经济结构调整和产业结构优化提供资金支持，并认为产业结构优化水平是衡量金融发展水平的关键指标。范方志等（2003）研究了金融结构与产业结构之间的变动关系。他们研究发现，产业结构不同是导致中国地区发展差距的重要原因，而引起产业结构不同的背后关键原因在于金融发展程度的差异。

（三）自贸试验区建设与金融改革创新

按照党中央、国务院的部署，中国自贸试验区的改革任务基本可以归纳为以下四个方面：一是深化边境开放，主要针对货物贸易领域；二是扩大边境后开放，主要针对服务贸易领域；三是营商环境法治化、国际化，重点体现在法律、法规的修订和重建，要依靠与国际接轨的法律和规章制度来塑造新的营商环境；四是政府职能转换，金融改革属于扩大服务贸易领域开放的内容，同时又与营商环境改革、政府管理方式改革的关系十分密切。

金融改革开放涉及金融主体准入（商业存在）、金融市场开放（市场交易和规则）及金融中间商和专业人员流动（自然人流动）等各方面，因此是服务贸易自由化的重要问题。可见，金融改革在自贸试验区改革任务中占有重要的地位。截至2020年末，国务院集中复制推广的六批自贸试验区改革经验当中，几乎每一批次都涉及金融与投资的开放创新举措（见表1）。

表1　国务院集中复制推广的自贸试验区改革经验数量

范围	领域	第1批 2014年	第2批 2016年	第3批 2017年	第4批 2018年	第5批 2019年	第6批 2020年
全国	投资管理	9	3	1	6	5	9
	金融开放创新	4	—	1	—	—	4

资料来源：商务部自贸试验区（港）建设协调司、课题组整理。

二　京津冀自贸试验区金融协同发展政策与产业协同发展

（一）京津冀自贸试验区设立与金融改革创新政策

2015年3月24日，中共中央政治局审议通过天津自由贸易试验区总体方案，天津自贸试验区成为中国北方第一个自贸试验区，区域面积为119.9平方千米。2019年8月2日，《国务院关于印发6个新设自由贸易试验区总体方案的通知》印发实施，中国（河北）自由贸易试验区正式设立。2020年9月21日，国务院印发《中国（北京）自由贸易试验区总体方案》的通知。至此，京津冀都拥有了各自的自贸试验区，自贸试验区的设立为推动京津冀协同发展战略的顺利实施提供了重要抓手，逐渐成为京津冀对外开放和产业高质量协同发展的重要枢纽（见表2）。

表2　京津冀自贸试验区基本信息一览表

批复年份	批次	名称	所在城市	片区	面积（平方千米）
2015	第二批	天津自贸试验区	天津市	天津港东疆片区	30.00
				天津机场片区	43.10
				滨海新区中心商务片区	46.80
2019	第四批	河北自贸试验区	保定市	雄安新区	33.23
			石家庄市	正定片区	33.29
			唐山市	曹妃甸片区	33.48
			北京市、廊坊市	大兴机场片区	19.97
2020	第五批	北京自贸试验区	北京市	科技创新片区	31.85
				国际商务服务片区（含北京天竺综合保税区5.466平方千米）	48.34
				高端产业片区	39.49

资料来源：课题组根据公开资料整理。

　　"深化金融领域开放创新"，是京津冀三大自贸试验区制度创新举措的"公约数"。虽然是"公约数"，但差别化探索是我国自贸试验区发展遵循的基本模式，金融领域的改革创新同样遵循差别化探索的原则（见表3）。天津自贸试验区是我国北方的第一个自贸试验区，金融领域的改革创新也极具天津特色，做大做强融资租赁业、服务实体经济发展是天津自贸试验区金融改革的重要特点；河北由于金融基础设施相对落后，因此引进金融企业主体，支持符合条件的商业银行注册设立金融资产投资子公司等是河北自贸试验区金融创新的基础工作，在此基础上，河北自贸试验区加强了对外汇管理体制改革的政策尝试；北京自贸试验区则以促进金融科技创新为重要特点，具体包括支持人民银行数字货币研究所设立金融科技中心；建设法定数字货币试验区和数字金融体系；依托人民银行贸易金融区块链平台，形成贸易金融区块链标准体系，加强监管创新。建设金融科技应用场景试验区，建立应用场景发布机制等。京津冀自贸试验区对金融领域的改革创新举措，为促进金融开放发展，带动区域经济和区域产业协同发展奠定了重要的制度基础。

表3　京津冀自贸试验区金融改革政策的梳理

名称	主要任务和举措	金融改革创新具体政策
天津自贸试验区	1. 加快政府职能转变 2. 扩大投资领域开放 3. 推动贸易转型升级 4. 深化金融领域开放创新 5. 推动实施京津冀协同发展战略	推进金融制度创新；增强金融服务功能；提升租赁业发展水平；率先推进租赁业政策制度创新，形成与国际接轨的租赁业发展环境；建立健全金融风险防控体系；建立金融监管协调机制，完善跨行业、跨市场的金融风险监测评估机制，加强对重大风险的识别和系统性金融风险的防范
河北自贸试验区	1. 加快转变政府职能 2. 深化投资领域改革 3. 推动贸易转型升级 4. 深化金融领域开放创新 5. 推动高端高新产业开放发展 6. 引领雄安新区高质量发展 7. 推动京津冀协同发展	增强金融服务功能；支持符合条件的商业银行注册设立金融资产投资子公司；深化外汇管理体制改革；放宽跨国公司外汇资金集中运营管理准入条件；推动跨境人民币业务创新，支持自贸试验区内银行按规定发放境外人民币贷款，探索开展境内人民币贸易融资资产跨境转让业务，并纳入全口径跨境融资宏观审慎管理；支持企业境外母公司按照有关规定在境内发行人民币债券
北京自贸试验区	1. 推动投资贸易自由化便利化 2. 深化金融领域开放创新 3. 推动创新驱动发展 4. 创新数字经济发展环境 5. 高质量发展优势产业 6. 探索京津冀协同发展新路径 7. 加快转变政府职能	扩大金融领域开放；开展本外币一体化试点；促进金融科技创新；围绕支付清算、登记托管、征信评级、资产交易、数据管理等环节，支持金融科技重大项目落地，支持借助科技手段提升金融基础设施服务水平；充分发挥金融科技创新监管试点机制作用，在有利于服务实体经济、风险可控、充分保护消费者合法权益的前提下稳妥开展金融科技创新

资料来源：根据各自贸试验区《总体方案》和课题组整理。

（二）京津冀产业协同发展现状、问题与原因

1. 京津冀地区产业分工格局日趋明朗

随着京津冀协同发展战略的推进，京津冀三地充分瞄准各地功能定位，充分发挥区域优势，已初步形成了分工明确、区域内产业互补的产业布局。

（1）北京产业高端化趋势明显

北京作为京津冀区域内的核心城市，拥有丰富的人才、资金、科技及交通资源，产品技术含量和产品附加值较高，以金融业、信息技术业、房地产业为主的服务业产业基础较好。京津冀协同发展战略实施后，北京市充分发挥区位优势和资源优势，产业结构构成更加合理。近年来，北京市第二产业比重开始下降，第三产业比重连续上升。2018年，北京市第二产业生产总值为5647.7亿元、第三产业生产总值则为24553.6亿元，占比达81%，比2013年的76.8%增长了4.2%，高出全国平均水平的34.2%（见表4）。在北京市第二、第三产业生产总值的比重中，科学研究和技术服务业占比为10.6%，比2013年末增长3.2%，信息传输软件和信息技术服务业占比为12.7%，比2013年末增长3.8%，租赁和商务服务业占比为6.6%，批发零售业占比为8.3%，分别比2013年降低1.1%和3.8%（见图1、图2）。

表4　2013—2018年北京市地区生产总值及产业结构构成情况

年份	名称	第一产业	第二产业	第三产业	合计
2013	绝对值（亿元）	159.8	4392.8	15777.4	20300.1
	比重（%）	0.8	21.6	77.6	100
2014	绝对值（亿元）	159.2	4663.4	17121.5	21944.1
	比重（%）	0.72	21.2	78.08	100
2015	绝对值（亿元）	140.4	4660.6	18884.7	23685.7
	比重（%）	0.59	19.7	79.71	100
2016	绝对值（亿元）	129.8	4944.4	20594.9	25669.1
	比重（%）	0.5	19.3	80.2	100
2017	绝对值（亿元）	120.4	5326.8	22567.8	28014.9
	比重（%）	0.4	19	80.6	100
2018	绝对值（亿元）	118.7	5647.7	24553.6	30320
	比重（%）	0.4	18.6	81	100

资料来源：历年《中国统计年鉴》。

亿元

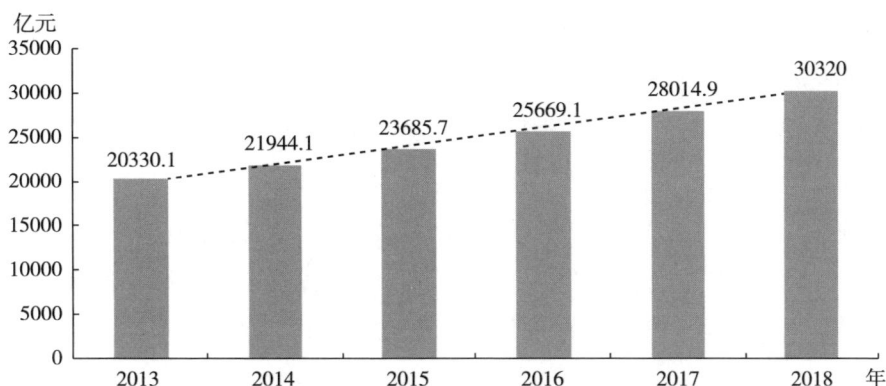

图1　2013—2018年北京市地区生产总值变化情况

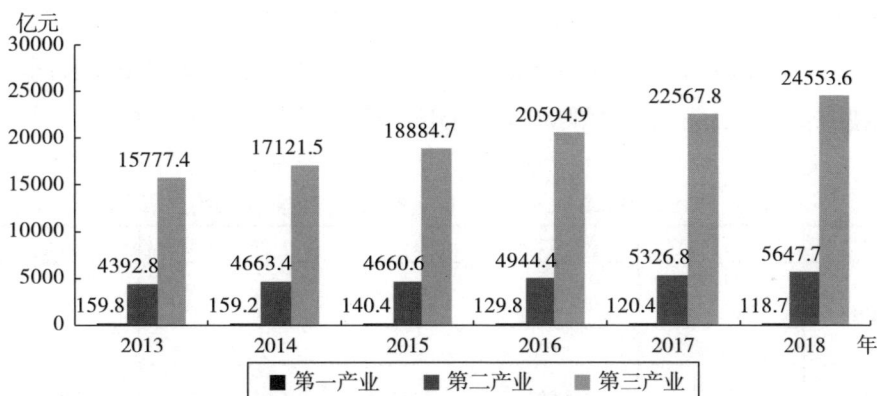

图2　2013—2018年北京市三大产业贡献情况

（2）天津服务业快速提升

天津地理位置优越，交通优势明显，再加上天津港的区位优势，一直以来优先发展制造业，制造业基础雄厚，天津科技研发和转化链也较为成熟，形成了独特的产业格局。京津冀协同发展战略实施后，天津通过不断提升现代服务业的发展水平，加快推进建设高端服务产业聚集区，目前已经形成了一批实力雄厚的产业园区来发展优势产业，如航空航天产业基地、中海油能源生产基地等。同时，天津的电子信息产业已经形成了比较优势，天津目前正在通过以京津冀协同发展作为契机积极延伸电子信息产业链。此外，天津也在主动寻求与北京地区开展高新产业方面的合作，凭借区县示范产业园区来发展特色产业新材料集群，努力打造两地的高新技术基础产业带。近年来，天津产业结构发生了巨大变化，第三产业发展迅速，增幅较大（见表5）。2018年末，天津地区第三产业生产总值占第二、第三产业生产总值的比重达58.6%，比2017年增长了5.9%，比2013年增长了10.6%（见图3、图4）。天津第三产业增长速度高于北京市和河北省第三产业增长速度。高新技术行业迅速发展，数量快速增加。在天津市第二、第三产业生产总值比重中，信息传输软件和信息技术服务业占2.6%，比2017年增长了42%；科学技术产业占5.3%，比2017年增长了10.1%。此外，天津金融企业和交通运输业优势也较明显。区位熵高于3.0的产业有铁路、船舶、航空航天和其他运输设备制造业、水上和管道运输业、多式联运和运输代理业、石油和天然气开采业、货币金融服务。其中金融和交通产业占了一半以上，集聚程度较高。作为金融创新示范区和北方国际航运核心区，天津区位优势非常明显。

表5 2013—2018年天津市地区生产总值与产业结构构成情况

年份	名称	第一产业	第二产业	第三产业	合计
2013	绝对值（亿元）	154.79	7460.06	7045	14659.85
	比重（%）	1.05	50.9	48.05	100
2014	绝对值（亿元）	158.82	7933.53	7872.19	15964.54
	比重（%）	0.99	49.7	49.31	100
2015	绝对值（亿元）	162.31	7918.1	8714.26	16794.67
	比重（%）	0.96	47.1	51.94	100
2016	绝对值（亿元）	168.46	7571.35	10098.08	17837.89
	比重（%）	1.2	42.3	56.4	100
2017	绝对值（亿元）	168.96	7593.59	100786.64	18548.19
	比重（%）	0.9	40.9	58.2	100
2018	绝对值（亿元）	172.71	7609.81	11027.12	18809.64
	比重（%）	0.9	40.5	58.06	100

资料来源：历年《中国统计年鉴》。

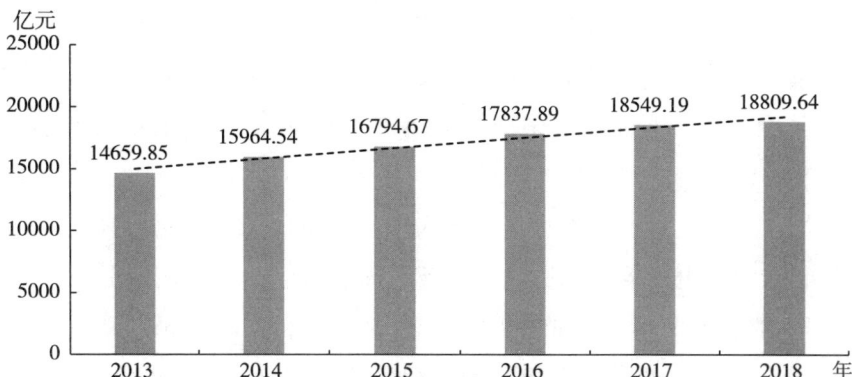

图3　2013—2018年天津市地区生产总值变化情况

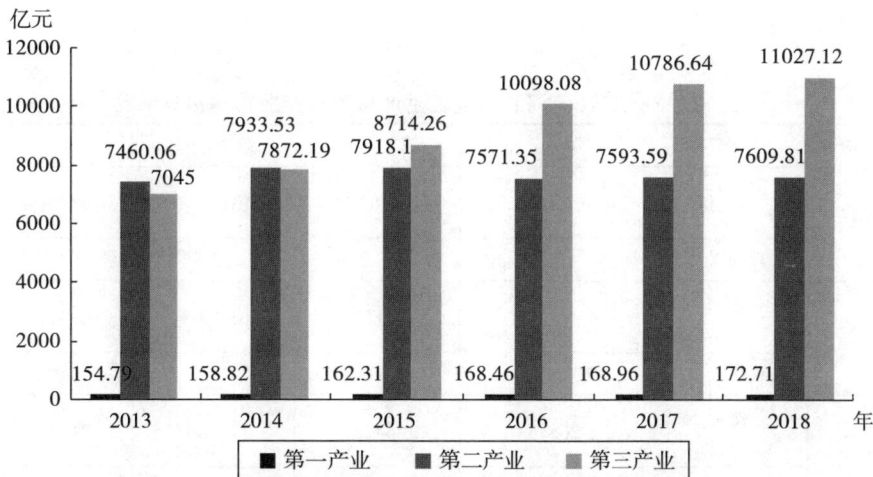

图4　2013—2018年天津市三大产业贡献情况

（3）河北先进制造业迅猛发展

在转型过程中，河北作为其他两地的资源供给地，不可避免地使各类产业遭到了影响和限制，造成了河北省的发展严重失衡。在京津冀产业发展协同战略实施后，河北省形成了一批具有优势且实力雄厚的产业基地与园区，如钢材产业基地、服装纺织生产基地和新型化工业基地等，而且还凭借资源和区位优势形成了多个产业聚集区，如北戴河新区、曹妃甸产业园区等。河北省的产业优势一直是第二产业。2018年，在河北省第二、第三产业法人单位中，第二产业数量达31.6万家，占比为27.4%，比京津冀区域的平均数高9.5%，比全国的平均水平高6.2%。近年来，随着京津冀协同发展战略的实施，河北省创新型制造业快速发展。2018年末，河北省高新技术产业制造业法人单位占京津冀地区该类型产业法人单位总量的52.7%，共有0.7万家。化学产品制造业、电子器材制造业、高新医药制造业单位数量分别占京津冀区域总数量的65.0%、64.1%和58.8%。传统制造业和采矿业的集聚程度很高，但是近年来制造业的集聚态势逐渐减缓。第三产业比重明显上升，第三产业占地区生产总值的比重从2013年的35.5%提高到了2018年的46.2%（见图5）。特别是2018年，第三产业在地区生产总值中的比重首次超过了第二产业（见表6）。

表6 2013—2018年河北省地区生产总值与产业结构构成情况

年份	名称	第一产业	第二产业	第三产业	合计
2013	绝对值（亿元）	3500.42	14762.1	13194.96	28301.41
	比重（%）	12.4	52.2	35.5	100
2014	绝对值（亿元）	3447.46	15012.85	10960.84	29421.15
	比重（%）	11.7	51	37.3	100
2015	绝对值（亿元）	26575.01	28442.95	29421.14	24515.76
	比重（%）	11.5	48.3	40.2	100
2016	绝对值（亿元）	3492.81	15256.93	3320.71	32070.76
	比重（%）	10.9	47.6	41.5	100
2017	绝对值（亿元）	3129.98	15846.21	15040.13	34016.32
	比重（%）	9.2	46.6	44.2	100
2018	绝对值（亿元）	3338	16040.06	16632.21	36010.27
	比重（%）	9.3	44.5	46.2	100

资料来源：历年《中国统计年鉴》。

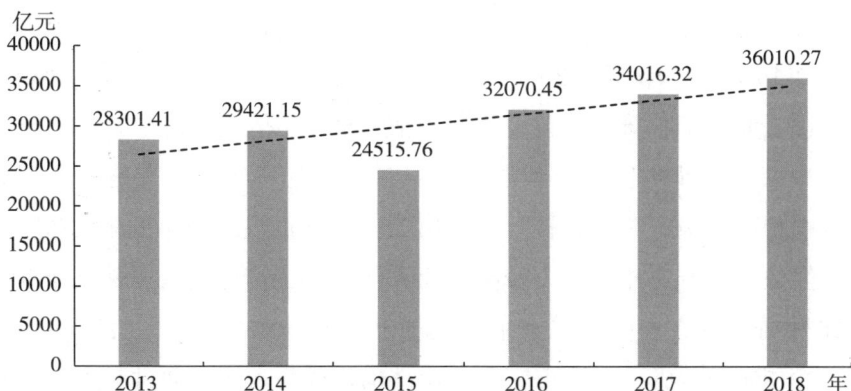

图5 2013—2018年河北省地区生产总值变化情况

2. 京津冀产业协同发展中存在的问题

产业协同的关键是实现产业结构协同。而衡量产业结构是否协同则要考虑以下几个方面的内容：一是区域内的产业在进行区域分工时能否达到有效分工；二是区域内以主导产业为主的产业布局是否规范合理；三是能否充分发挥区域内各方面的要素优势，实现高效的结构性效益；四是区域内各产业之间是否形成有效的承接关系，使产业结构的对接流程顺畅。经过分析京津冀地区产业结构的状况，发现三地的产业结构存在较大差距，产业协同程度还不高。具体表现在以下几个方面。

（1）主导产业布局不合理

受计划经济时期国家战略的影响，北京、天津、河北三地当时重点发展的都是一些规模大、投资多的重工业产业，这造成了现在的京津冀地区在传统产业如石化、钢铁、装备制造等领域具有高度的同质性。经过多年的发展，这些产业已经在京津冀地区的经济中占据了重要位置，为缴纳税款、增加就业岗位发挥了巨大作用。更重要的是，这些产业基本上都是由国有企业掌控，这些集团规模庞大，拥有成百上千亿元的资产及遍布全国的战略结构布局，京津冀协同发展战略根本无法容纳，因而不可避免地成为限制协同发展的阻碍。由于受到历史发展思维的影响，京津冀地区一方面产业分工不够明确清晰，另一方面产业的结构性问题极为突出。

尽管北京地区第三产业所占比重正在逐年增加，三大产业构成也由2015年的0.6：19.7：79.7优化为2018年的0.4：18.6：81。甚至金融业以16.8%的占比超过工业位于各行业之首，生产总值达5084.6亿元。但是天津市与河北省多年来第二产业的比重分别占五成左右，尤其河北省一直是一个工业大省，生产状况并未有明显好转。虽然第二产业比重自2015年低于50%后连年降低，但是第二产业比重仍旧较高。而天津市第三产业占比虽然高于50%，且还在升高当中，但是第二产业的比重仍旧占40%左右。由表7可以了解2016—2018年河北省、天津市三大产业结构构成与占比。通过对产业结构及其比重的分析可以看出，京津冀地区特别是天津市及河北省第二产业偏高、第三产业不足的局面仍未得到有效的改善。如表7所示，在2016—2018年全国第三次产业结构构成中，第二产业占比为40%左右，第三产业占比为50%左右。与之相比，河北省和天津市都还存在一定的差距。

表7 2016—2018年京津冀及全国产业结构构成情况

地区	产业	2016年	2017年	2018年
北京	第一产业（%）	0.5	0.4	0.4
	第二产业（%）	19.3	19	18.6
	第三产业（%）	80.2	80.6	81
天津	第一产业（%）	1.2	0.9	0.9
	第二产业（%）	42.3	40.9	40.5
	第三产业（%）	56.4	58.2	58.06
河北	第一产业（%）	10.9	9.2	9.3
	第二产业（%）	47.6	46.6	44.5
	第三产业（%）	41.5	44.2	46.2
全国	第一产业（%）	8.2	7.6	7.1
	第二产业（%）	40	40.5	40.6
	第三产业（%）	51.8	51.9	52.3

资料来源：历年《中国统计年鉴》。

（2）京津冀区域经济增长速度不快，新增长极不明显

我国国务院2015年发布了《京津冀协同发展规划纲要》，2019年又分别发布了《长江三角洲区域一体化发展规划纲要》《粤港澳大湾区发展规划纲要》，在中央财经委员会第六次会议上推动建立成渝地区双城经济圈。目前，我国已经形成了四大城市群，其中由于成渝地区双城经济圈成立较晚，暂时不具有可比性，所以只以三大区域进行比较。从它们各自的战略定位来看，这三个区域都致力于打造世界级城市群，并且在改革开放、经济增长、高质量发展、科技创新及宜居宜业等方面领先一步，能对国内外各区域起到引领作用。但是，从城市群数量上看，京津冀城市群为14个、长三角城市群为27个、粤港澳大湾区为11个，京津冀城市群与长三角城市群差距略大（见表8）；2019年京津冀城市群、长三角城市群、粤港澳大湾区的地区生产总值分别为8.46万亿元、23.72万亿元、11.4万亿元（见表9），人均地区生产总值分别为7.48万元、10.45万元、15.69万元（见图6），京津冀城市群还远低于其他两个经济区；2017—2019年京津冀城市群、长三角城市群、粤港澳大湾区三大区域年地区生产总值平均增速分别为1.2%、10.2%、5.6%，京津冀城市群也是最低的。因此，从以上分析可以看出，京津冀地区在各方面都与其他两个经济区有很大差距。

表8　2019年四大经济区发展概况比较

指标	成渝经济圈	长三角城市群	粤港澳大湾区	京津冀城市群
城市数量（个）	16	27	11	14
常住人口（亿人）	1	2.27	0.73	1.13
生产总值（万亿元）	6.51	23.72	11.4	8.46
人均生产总值（万元）	6.46	10.45	15.69	7.48
面积（万平方千米）	18.5	35.8	5.6	21.6
人口密度（人/平方千米）	544	635	1298	524
城镇化率（%）	59.37	68.16	86.46	66.71

资料来源：历年《国民经济和社会发展统计公报》。

表9　四大城市群生产总值总量比较

单位：亿元

经济区	2017年	2018年	2019年
成渝经济圈	53552.4	57515.0	65060.4
长三角城市群	195321.5	211479.1	237252.8
粤港澳大湾区	102273.5	108632.4	113981.8
京津冀城市群	82559.8	85139.9	84580.1

资料来源：历年《国民经济和社会发展统计公报》。

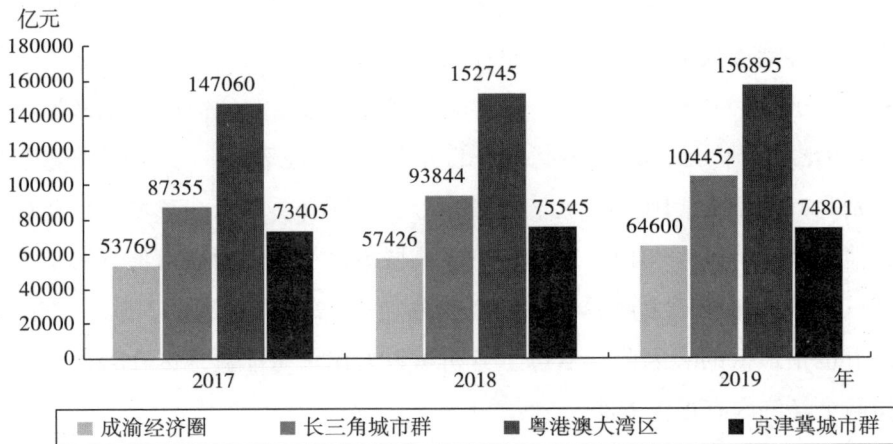

图6　四大经济区人均地区生产总值比较
（资料来源：历年《国民经济和社会发展统计公报》）

（3）京津冀三地产业链条尚未真正形成，产业协同度不高

京津冀三地都有其占主导地位的优势产业，其中北京以高科技和现代服务业为主，天津以高端制造业为主，而河北更多的则是附加值很低的传统产业。在京津冀区域内，北京处于产业链高端，天津处于中端，而河北则处在最低端，同时产业结构上的巨大差异又使三地产业无法进行紧密联系，难以进行深入协作，难以形成联系密切的产业链，对京津冀地区互利互赢造成阻碍。由于三地在很大程度上存在着发展差异，较高端的产业链一般都集中于北京、天津地区，并没有与河北进行有深度的分工与合作，区域产

业链存在断链现象，因此产业转移时受限较多。同时导致高新技术在产业链上运用不足，产品的附加值不高。北京与天津的人才、资金及技术资源非常丰富，但是由于没有形成完善的激励机制，再加上河北对高新技术生产的承接能力不足等原因，技术研发获得成果的效率较低。研发转向生产的过程受到阻碍，在很大程度上都不利于形成有效的产业集群。京津冀地区仍存在比较严重的产业同质化情况，主要体现在钢铁、汽车、生物制造业及信息技术产业上，造成了同质化竞争。因此，如何通过京津冀制造业来改善京津冀城市群建设、打造上下游产业链衔接来实现产业协同，还有很大的发展空间。

（4）京津冀三地特别是河北与北京收入差距持续扩大

北京、天津、河北三地的经济发展水平差距十分明显。在京津冀区域中，北京、天津两市属于中心城市，人均地区生产总值都高于河北，河北省的经济发展水平和产业发展水平都要远低于北京和天津。自京津冀协同发展战略实施以来，河北与北京的差距不仅没有缩小，反而持续扩大。从地区生产总值来看，2014年河北比北京多8090亿元，到2019年河北被北京反超，比北京少267亿元；从人均地区生产总值来看，2014年河北约为北京的40%，到2019年河北人均地区生产总值还不到北京的30%。发展水平的不平衡导致三地对资金与人才的吸引力也不相同，北京和天津资源丰富、资金充足，而河北相对落后，使三地在进行合作与产业对接转移时会有较大阻碍。加之京津冀三地隶属于不同的行政区划，受行政边界的限制，三地政府一般都更注重当地的发展。所以很多时候会忽视整个区域的经济利益，缺少分工与合作。而京津冀三地各自为政的情况在很大程度上不利于区域内部生产要素的流动，对京津冀地区进行产业结构的调整会产生严重阻碍。

3.京津冀产业协同发展中存在问题的原因分析

（1）京津冀地区缺乏权威性的跨区域利益协调体制机制

北京、天津、河北三地从地理位置上看是密不可分的一个整体，但实际在按行政区划时却是三个独立的行政区域。因此，在经济发展过程中，三地政府更多关注的都是自己区域内的产业发展状况，缺少对区域经济整体的目标规划和利益协商机制，这使各种要素在区域内进行自由流动受到了很大阻碍，对产业协同发展也产生了不利影响。另外，由于三地的信息具有很大的不对称性，容易导致资源的不合理使用。要三地自发地以促进都市圈整体发展为目标进行合作是不太容易的，因此需要通过中央进行干预，以整体高于局部为出发点，建立权威的协调机制，对三地进行统筹规划，合理设计产业布局，积极推动区域内各地区进行良性互动，打造互利共赢的协同发展局面。合理的产业链上下游分工合作体系是推动京津冀协同发展的核心，其关键则是要创新体制机制。

（2）缺乏跨域协作相关法律法规的保障

在京津冀协同发展的过程中不可避免地会遇到很多障碍，而造成这些障碍的一个重要原因是缺乏完善的法律法规。由于区域间缺少配套的约束性协议，缺乏制度保障和违反协议后应承担的明确责任，导致京津冀地区法制化、制度化建设滞后，容易导致区域间产业协同运作处于混乱状态，影响区域间合作的稳定。京津冀协同发展战略的实施会对三地的利益产生影响。因此，为了促进三地进行公平的竞争与合作，一方面需要行政手段的干预，另一方面还要从法律的角度出发，联合制定法律法规，缓和三地的利益冲突。虽然京津冀地区经过多次的协商研究后，在产业分工方面达成了许多合作意向，但仍然需要出台专门的法律政策来保障协同发展的顺利进行。在实践中，河北的经济发展水平相比北京、天津两个城市明显处于劣势，虽然其他两地的产业对河北有一定的扩散效应，但是为了自身的利益考虑，实际的带动力度并不强。同时，北京、天津两地还需要对河北省的生态环境作出一定的补偿，这同样也需要有完善的法律法规做保障。

（3）京津冀区域内固有的产业差距

如表10所示，京津冀地区的第三产业所占比重差距很大，北京地区生产总值超过80%都是由第三产业所创造的，天津则为60%左右，而河北最低，还不到五成。第三产业的发展程度可以从侧面体现现代经济的发达程度，而其占比则能体现出当地产业成熟情况。因此，北京、天津、河北三地在产业构成上的巨大差距对三地产业合作带来较大影响。

表10 京津冀三地2016—2018年第三产业贡献情况

年份	地区					
	北京		天津		河北	
	绝对值（亿元）	比重（%）	绝对值（亿元）	比重（%）	绝对值（亿元）	比重（%）
2016	20594.9	80.2	10093.82	56.4	13320.71	41.5
2017	22567.76	80.6	10786.64	58.2	15040.13	44.2
2018	24553.64	81	11027.12	58.6	16632.21	46.2

资料来源：历年《中国统计年鉴》。

中国自贸试验区的设立是借助生产要素集聚产生的低成本和高效率来促进地区经济增长。通过一系列的制度创新如贸易自由化、投资便利化、行政简单化等，来吸引大量的生产要素集聚到自贸试验区，进而加快经济创新发展。近年来，天津自贸试验区积极利用自贸试验区独特的制度优势，支持区内企业发展维修再制造产业、设立航空维修产业园区，实现产业聚集，发挥集聚效应优势，成为亚太地区顶尖的维修与检测基地。河北自贸试验区自2019年成立以来一直注重制度创新，已取得阶段性成果。2020年9月24日，北京自贸试验区正式成立，将凭借科技、资源、人才方面的优势引领京津冀地区产业协同发展更进一步。利用自贸试验区制度创新优势，促进京津冀地区产业协同正当其时。

三　以自贸试验区建设为契机，促进京津冀产业高质量发展的建议

（一）以自贸试验区金融改革为重点，为京津冀产业高质量发展提供资金保障

自贸试验区金融改革创新可以有效提高区域金融集聚能力，增强区域金融的供给能力，改善区域金融结构，从而为区域产业结构升级和融合发展提供重要驱动。以天津自贸试验区为例，作为我国京津冀地区乃至整个北方的首个自贸试验区，天津自贸试验区在领跑融资租赁产业、服务京津冀产业

高质量协同发展方面大有可为。天津市相关部门率先进行了租赁业政策制度创新，打造服务租赁产业发展的"专家+管家"式人才队伍、国际化融资平台、法律保障平台、信息宣传平台和国家级租赁和新金融产业园。光大银行天津分行在全国率先开展以飞机租赁资产为依托的境内外币资产证券化业务；工银租赁开发CPLEASE租赁业务管理系统，该系统是一套全功能型租赁业务系统，目前包括租赁、融资、运营、财务、资产、报表、综合办公、移动版8个功能模块，采取业内流行的SaaS云服务模式，具有较高前瞻性、处于行业信息化领先水平。

（二）以自贸试验区建设为契机，实现京津冀产业错位发展

坚持"以政府为引导，以市场为基础，以企业为主体"，从三方主体入手，激发区域内产业发展的积极性，充分发挥区域内产业的比较优势，引导进行错位发展，从京津冀三地自贸试验区功能入手，促进京津冀区域间的产业分工合作。利用北京自贸试验区功能定位，促进京津冀区域数字经济发展和服务贸易。大力发展数字经济，充分发挥河北自贸试验区后发优势，合理规划错位发展。雄安新区具备了科技城和生态城的属性，即具备了宜居、生态、科研、教育与生产的功能与特征，达到一个中型城市的规模与功能。同时雄安新区还是京津冀协同发展示范区。在成为自贸试验区片区之后，在生态城与科技城基础上，应用科技创新，聚焦服务业开放与相应管理体制改革，探索金融创新、数字商务与服务贸易、现代教育与医疗、康养、专业人才引进等领域扩大开放。曹妃甸开发区具有海港城的属性，即具备了航运物流仓储、临港重化工业、装备制造及部分居住功能，同时，也是京津冀合作示范区。作为河北唯一一个依托世界级海港的自贸试验区片区，应充分利用自由贸易区关税和服务业开放政策，在航运物流、临港工业、装备制造产业基础上，发展国际大宗商品贸易与交割、金融创新和装备制造，建设北方大宗商品自由贸易港。大兴自贸片区依托世界级机场，具备了空港经济区的属性，即航空物流、航空服务等功能与特征，同时也是京冀协同发展示范区和国际交往中心功能示范区。在此基础上，应利用自贸试验区投资与税收特殊政策，经济发展以航空物流为基础，发展航空制造与维修、航空商贸与服务及融资租赁等服务业，未来建设空港自由城。正定自贸试验片区具备了临空产业经济区属性，即在原有医药产业的基础上，利用自贸试验区政策中有关投资与关税减免政策，重点发展基于航空运输的临空产业，构建临空产业群，带动周边经济发展。

（三）充分发挥三地比较优势，构建京津冀协同发展产业链

我国自贸试验区在发布的总体方案中被明确作为推进京津冀协同发展战略的新平台，通过以自贸试验区建设为基础来探索三地产业对接和区域产业合作的新模式。鼓励京津冀区域内的自贸试验区在参与"一带一路"建设时以一体化为前提，积极进行制造业产业链的建设。通过对北京自贸试验区在科技创新等方面拥有的丰富资源进行合理利用，推动三地研发、生产、销售、物流等方面的联动，实现产业链协同，完善区域创新体系，带动京津冀地区的发展。

1. 把以钢铁为基础的材料、金属产品、重型装备产业建设成为世界级产业链

钢铁产业是所有工业化国家的基础工业之一，也是为我国生产原材料提供给各个国民经济部门的重要工业部门，属于资金密集型与劳动力密集型工业。京津冀地区的钢铁生产基地在整个华北甚至全国都名列前茅，中国钢铁的产量和销售量在2015年达到峰值，而后开始减少，进入了严酷的整体亏损期。为了使钢铁行业摆脱目前的困境，党中央、国务院分别出台了推进供给侧结构性改革和相关的财税金融政策来化解钢铁产能过剩，同时也对全国钢铁行业的发展提出了更高要求。京津冀三地可以充分利用节能减排产业技术创新联盟的作用，对钢铁行业产业链合作进行创新与升级，研发应用先进技术产品，推动区域协同创新共同体和节能减排示范工程的建设。

2. 汽车、轨道交通设施及零部件产业链

汽车产业在京津冀三地都有基础，而未来要重点研发的是电动车、专用车，而不是原来那种普通的乘用车。由于汽车制造业的特点是资本、技术、人才密集、综合性强且回报丰厚，而且其产业链涉及的原料采购、研发设

计、生产、销售及运营维修等售后服务与许多部门都有联系，所以各个工业发达的国家都把汽车制造业发展作为促进本国国民经济发展的重要措施。京津冀地区的汽车制造业虽然起步晚，但是发展迅猛，如零部件产业园的建设已经较为成熟。在京津冀地区汽车制造业的原材料采购与加工方面，从产业链构成与实际发展情况来看，未来要提高制造汽车的质量与竞争力，天津汽车制造业与河北钢铁业可以进行深层次合作。天津汽车制造业和零部件制造业的雄厚基础都集中在中游阶段，中高端轿车领域则基本都被外资垄断。京津冀三地在汽车制造业中各有优势，所以应进行优势互补合作，进而提高生产制造水平。京津冀地区应该把新能源汽车制造作为未来汽车行业的重要发展方向，促进该行业产业链的创新与优化。目前京津冀三地在汽车产业领域并未进行过多深入合作，所以要努力开展技术信息共享、产业规划、市场定位等方面的新合作模式，进而推动汽车制造业协同发展。

3. 新型信息技术产业链

电子信息业是对电子设备及各种仪器、仪表、零件等进行研发生产的工业，是一个非常重要的链条，在全球竞争中作为战略重点。电子信息业作为全球创新最活跃、渗透性和带动性最强的产业，在我国产业中也处于战略性、先导性的支柱地位，因此信息技术产业链在京津冀协同发展中应提高到战略高度。虽然目前信息技术产业链与其他经济区相比还有所差距，但是未来发展空间非常大。从实际来看，可以尝试优先发展产业链中的一环或者几个环节，建立优势后再逐渐向整个产业链延伸，培育自主研发能力，最终实现产业链的整合与创新。

B.8
天津金融支持消费中心城市建设分析

王　韩　刘泊静　刘伯酉*

摘要： 在"双循环"新发展格局下，扩大内需，增强消费对经济增长的重要作用是实现新发展格局的基础。天津市在地理位置、产业发展及交通运输等方面具有建设消费城市的独特优势，但是天津市消费环境和消费结构还需进一步优化，同时发挥金融的作用为建设消费中心城市提供有力支撑，这对推动城市经济社会健康发展、促进城市经济发展转型升级，进一步打造拉动经济增长的新载体和新引擎具有重要意义。

关键词： 金融　消费中心　天津

培育国际消费中心城市是党中央、国务院立足新发展阶段、贯彻新发展理念、构建新发展格局的重大战略部署、是加快供给侧结构性改革、完善现代流通体系、提升供给体系对国内适配性、实现需求和供给相互作用的动态平衡，进一步将消费对经济增长的基础性作用，畅通国内大循环、形成国内更大市场的重大战略支撑。培育国际消费中心城市将聚焦国际，广泛聚集全球优质市场主体和优质商品、服务，加快培育本土品牌，努力构建融合全球消费资源的集聚地、中国开放共享市场的"排头兵"、实行高水平开放的新门户；紧扣消费，建设具有全球影响力的标志性商圈，打造引领全球消费潮流的风向标；突出中心，强化集聚辐射和城市自身的吸引力、凝聚力和发展动力，形成全球消费者集聚的中心。

---

* 王韩，天津财经大学金融学院博士研究生，研究方向为国际金融、货币政策、区域金融；刘泊静，天津财经大学金融学院博士研究生，研究方向为国际金融；刘伯酉，供职于中国人民银行天津分行。

2019年印发的《关于培育建设国际消费中心城市的指导意见》指出，利用约5年的时间打造一批国际消费城市。建设消费中心城市正是扩大内需的重要举措，进一步增强消费对经济发展的基础性作用。城市消费能力的提高不仅能增强经济持续增长的动力，更能提升城市形象及国际化程度。《中共天津市委关于制定天津市国民经济和社会发展第十四个五年规划和二〇三五远景目标的建议》提出，要努力将天津建设成为国际消费城市。因此，全面促进消费、培育国际消费中心城市对推动城市经济社会发展、提升现代化城市形象、满足人民对美好生活的需要具有重要意义。

消费城市可定义为城市的发展顺应社会发展趋势，具有区域甚至全球消费城市的制高点和消费资源，其核心驱动力和集聚向心力是消费，能有效满足居民的消费需求。消费城市具有较强的消费创新引领和带动作用，对全球消费资源具有强大的配置能力。消费中心城市是"双循环"新发展格局下驱动经济增长的重要引擎，也是满足人民日益增长的美好生活需要的关键平台。以此为基础，本文全面分析天津市建设消费中心城市的现状，并提出培育消费中心城市的金融策略。

一 天津市居民消费环境分析

2020年，天津市消费市场逐步稳定复苏，将国家关于促进扩大消费、提升消费质量、加快强大国内市场形成的实施意见有效落地，并推出"促进汽车消费11条"。成功举办一批线下展会和线上津洽会，同时推出包括"99购物节"在内的200余场全市性活动。打造2.0版夜间经济，并将十大工程作为重点来推进，实现夜间消费市场的多元化。加快改造提升金街步行街，引进或培育系列特色店项目。据统计，2020年，零售业和批发商品销售额降低1.8个百分点，其中限额以上零售业和批发商品销售额、限额以上中小微企业商品销售额均保持增长，分别增长0.4%和5.1%。然而，社会消费品零售总额是下降的，下降15.1个百分点，其中限额以上社会消费品零售总额降低12.9个百分点。

（一）居民消费水平总体状况分析

根据天津居民人均收入和人均消费支出的变化情况来考察居民消费水平变化。党的十八大以来，天津制定多项措施增加居民可支配收入，不断缩小收入差距。根据国家统计局的数据可以看出，2013—2019年天津市居民消费能力保持不断上升的态势，消费规模持续提升，从2013年的20419元/人上升至2019年的31854元/人，消费结构不断升级，居民消费呈现出良好的发展态势。但是，2020年受新冠肺炎疫情的影响，全市消费水平显著下降，人均消费支出水平同比下降10.65%。

一方面，城镇居民和农村居民的人均消费支出在2013—2019年均保持上升的态势，2020年受到疫情的负面冲击，二者呈现出不同程度的下降。相比较而言，农村居民人均消费支出的下降幅度要比城镇居民小。具体分析，城镇居民人均消费支出从2013年的22306元/人增加至2020年的30895元/人；农村居民人均消费支出从2013年的12491元/人增加至2020年的16844元/人（见图1）。

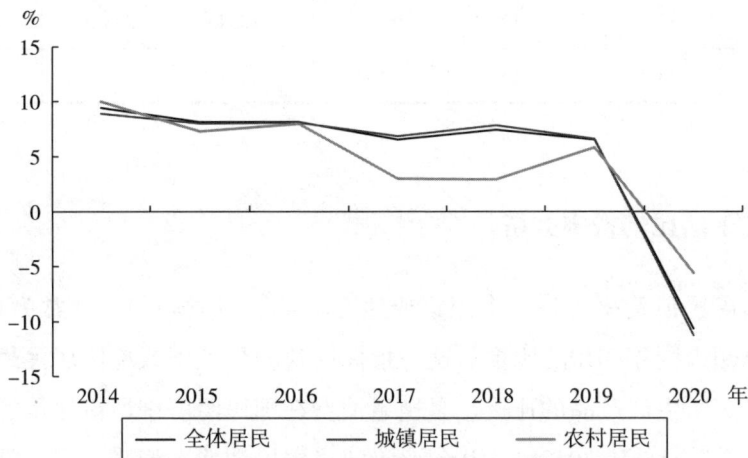

图1　2014—2020年天津市居民人均消费水平变化
（资料来源：根据国家统计局数据计算）

另一方面，人均可支配收入与人均消费支出相比，人均可支配收入受新

冠肺炎疫情影响较小。2013—2020年，天津市全体居民人均可支配收入始终
保持增长，增幅达66.37%。城镇居民人均可支配收入从2013年的28980元/人
上升至47659元/人，增幅高达64.45%；农村居民人均可支配收入于2020年增
长至25691元/人，相较于2013年增长67.34%（见表1）。

表1　2013—2020年天津市居民人均可支配收入和人均消费支出变化

单位：元/人

年份	人均可支配收入			人均消费支出		
	全体居民	城镇居民	农村居民	全体居民	城镇居民	农村居民
2013	26359	28980	15353	20419	22306	12491
2014	28832	31506	17014	22343	24290	13739
2015	31291	34101	18482	24162	26230	14739
2016	34074	37110	20076	26129	28345	15912
2017	37022	40278	21754	27841	30284	16386
2018	39506	42976	23065	29903	32655	16863
2019	42404	46119	24804	31854	34811	17843
2020	43854	47659	25691	28461	30895	16844

资料来源：国家统计局。

（二）居民消费率分析

所谓居民消费率是指一个国家或地区在某一段时间内（通常为1年）居
民消费总额占同年GDP的比重。这一指标反映的是该国或地区居民最终消费
的产品占其所生产产品的比重，是衡量消费在国民经济中所占比重的关键指
标。据相关数计算，2013—2019年，天津市居民消费率稳步提高，整体保持
上升态势，从29.6%上升至35.4%，提高近66个百分点，但尚未突破40%。此
外，天津市居民消费率显著低于北京市，可见天津市消费动力有所欠缺，还
需进一步促进消费（见图2）。

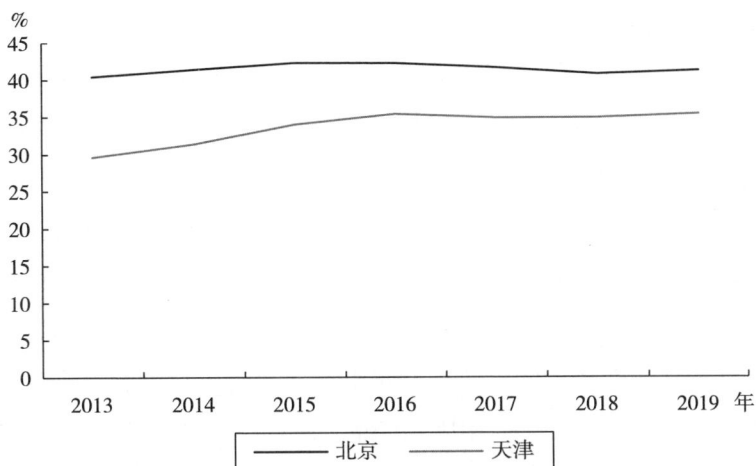

图2 2013—2019年天津市、北京市居民最终消费率变化
（资料来源：根据历年《天津统计年鉴》《北京统计年鉴》计算）

（三）收入水平增长和收入结构分析

首先，分析天津市收入总水平，其居民收入依然保持增加态势，存在巨大的消费潜力。居民总消费与其总收入为正相关关系，即总消费会随着收入的升高而增加（凯恩斯绝对收入理论）。天津市居民2020年人均可支配收入为43854元，相比上年名义增长3.4%，剔除价格因素之后的实际增幅为1.4%。具体分析，城镇居民和农村居民人均收入分别为47659元和25691元，同比名义增速分别为3.3%和3.6%，剔除价格因素后的实际增长率分别为1.3%和1.5%。

其次，分析天津市收入结构。2020年天津市居民人均工资性收入、经营净收入、财产净收入和转移净收入分别为27339元、2797元、4240元和9478元，占人均可支配收入的比重分别为62.3%、6.4%、9.7%和21.6%，其中居民人均工资性收入、财产净收入和转移净收入保持增长，增幅分别为1.2%、8.5%和12.9%，受新冠肺炎疫情影响，经营净收入下降9.7%。自2010年以来，天津市居民收入结构的变化较大，这对于长期消费增长有一定的促进作用。由持久收入理论可知，居民长期消费取决于消费者可预期的持久收入，而几乎不受暂时性收入（偶然获得收入）的影响。根据国家统计局提供的数据，对比2019年和2010年天津市居民收入结构，呈现以下四个明显特点。第一，工资性收入占天津市城镇居民收入的比重超过60%，占据主导地位。第二，城镇居民经营净收入和财产性收入增长较快，增长分别为2010年的4倍和2倍之多，这两部分收入属于稳定收入，它的增长有利于城镇居民长期消费的增长。第三，农村居民持久性收入占比上升。2019年天津市农村居民工资性收入占其总收入的比重同比上涨5%，逐渐成为收入的主体部分。这也就意味着农村居民所受土地的束缚日益减小，并转向非农产业。第四，农村居民转移性收入上升幅度较大。相比2010年，2019年受国家关于"三农"优惠政策的影响，农村居民转移性收入增长约7%，且占农村居民收入的比重高达16.27%。

（四）服务消费发展空间分析

天津市消费结构表现出显著的升级态势，服务消费占消费总支出的比例持续升高。天津市统计局的数据显示，2020年末，全年限额以上单位商品零售额继续增加，其中粮油类、饮料类和蔬菜类的增长率分别为6.8%、250%和41.0%，体育和娱乐用品类、文化办公用品类同比增速分别为62.9%、27.7%，智能家用电器及音响器材增加2.2倍，新能源汽车增长47.9%，智能手机增长33.1%。餐饮、旅游、文化娱乐、健康消费等服务消费正成为天津市消费增长的重要拉动力量。

未来一个时期，天津市服务消费发展仍有巨大空间。根据国际经验，一方面，不断提升的服务消费比重意味着消费结构转型升级。伴随着天津市居民收入水平的不断提升，其服务消费所占比重也随之升高。另一方面，人均GDP处于不同的区间，服务消费占据的地位不同。人均GDP在5000~10000美元，同时经济结构服务化转型及中产阶级的崛起，居民对于服务的消费需求会迅速增加并开始占据主导地位；人均GDP高于10000美元，此时的服务业高度发达，且居民对服务的消费需求占据绝对的主导地位。由此而知，居民收入水平的不断提高，会促进天津市居民服务消费释放巨大的潜力。

二　天津市消费环境存在的问题

（一）居民消费倾向偏低

这里重点分析居民平均消费倾向（在某一段时期居民消费支出所占可支配收入的比重）。国际金融危机后，天津市城乡居民消费倾向保持较高水平，高于0.75。

近几年，天津市城乡居民的平均消费倾向出现小幅下降趋势，尤其是2020年受疫情的不利影响，天津市城镇和农村居民平均消费倾向表现出下降趋势，分别下降10%和6%。天津市城乡居民2013年的消费倾向为0.77，2020年降至0.65（见图3）。2013—2020年天津市城镇居民和农村居民的平均消费倾向均有所下降，降幅分别为12%、15%，且城镇居民平均消费倾向低于农村居民。

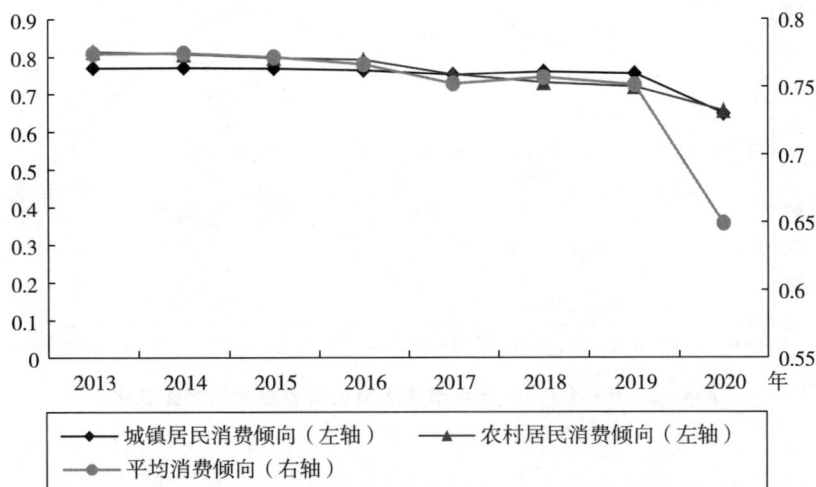

图3　2013—2020年天津市居民平均消费倾向变化
（资料来源：根据2014—2019年《天津统计年鉴》和
《2020年天津市国民经济和社会发展统计公报》计算整理得到）

（二）居住消费占比过高

近十年来，由于房价的持续上涨，居民居住消费占居民消费结构的比重也随之升高。2008—2019年，天津市城镇居民全部消费支出中居民消费所占比重从11.4%上升至22.1%，几乎翻一番。2020年，天津市全体居民全部消费支出中，居住消费的比重更是高达22.7%。此外，天津市居民的住房贷款规模也随之迅速增长。2008—2019年，天津市居民个人住房贷款从565.17亿元增至6301.05亿元，增长10倍有余。本着"房住不炒"原则，天津市相关部门采取调控政策，抑制投机性炒房行为，个人住房贷款占个人消费信贷的比重自2008年以来波动性降低，但是这一比例依然高于70%。2019年，天津市个人住房贷款占个人消费贷款的74.7%（见图4）。除去房贷和车贷后的居民消费信贷占比约为21%，但与成熟市场的30%还存在一定差距（许永兵，2021）[1]。可见，其他家庭消费支出由于住房消费占比的上升而被挤占，总需求也会因此降低。

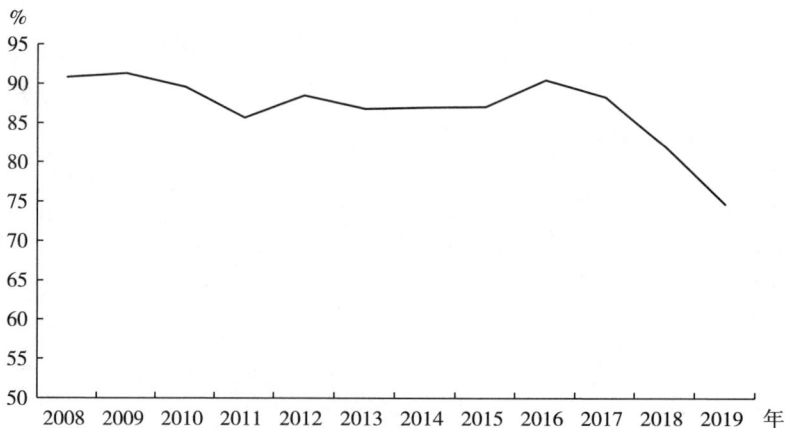

图4　2008—2019年天津市住房贷款与消费贷款之比变化
（资料来源：作者根据2009—2020年《天津统计年鉴》整理得到）

---

① 许永兵.扩大消费：构建"双循环"新发展格局的基础[J].社会科学文摘，2021（4）：13-15.

（三）消费性服务业对城市发展引领不足

从产业结构来看，2020年天津市地区生产总值为14083.73亿元，第一、第二、第三次产业所占比重分别为15%、34.1%、64.4%，其中第三产业所占比重高于60%，2015—2020年服务业占比提高了12个百分点，逐渐成为拉动经济增长的主要动力。租赁商务服务业、新型技术研发、软件和信息技术服务业、信息传输等生产性服务业增速明显加快，但高端化消费类产业和活动，如时尚会展、顶级娱乐赛事等业务涉及较少，消费性服务业在城市经济中的占比存在巨大上升空间，一般性消费和普通生活服务消费多，高附加值、高税收的消费性产业较少。

三　金融支持天津消费中心城市建设策略

（一）消费金融助力建设消费中心城市

1.立足消费金融市场，释放竞争活力

在政策方面，尤其是融资规定上可给予消费金融公司适当优惠，使消费金融公司的流动性有效增加。相关部门应根据现实状况适当降低消费金融公司的融资难度、增加融资方式，将金融产品发行审核程序简化，使消费金融公司的融资成本有效降低。在商业银行方面，需扩大消费信贷规模，提高信贷资产中消费信贷的比例，控制居民消费金融杠杆率在合理范围内，推动个人消费稳定持续增长。

第一，在入市政策方面，对消费金融机构进行"松绑"，降低专业性消费金融机构的入市门槛，使之应市场需求而生。第二，鼓励商业银行进入消费金融领域，进一步发挥其消费金融机构主体作用，积极引导相关金融机构引入消费金融业务，释放社会消费潜力。第三，针对市场需求发展更加专业化的消费金融公司，全面呈现消费金融多元化属性。前期天津市设立了捷信、马上消费金融公司，同时，为保证消费者的权益，天津市成立天津市金融消费纠纷调解中心。此外，天津市相关部门还需积极推动设立一批汽车金

融公司、消费金融公司等，根据市场需求不断丰富、扩大消费金融市场主体规模。

2. 改善消费金融产品结构，提升消费满足感

一是在消费金融产品方面，将消费金融产品结构进一步优化，使生活中衣、食、住、行等方面的贷款比重更加合理。由于天津市居民住房消费占比较高，所以要控制住房贷款规模在适度范围内。为刺激居民的消费需求，可提高服务业和汽车等的消费规模，满足居民多样化、个性化的消费需求。二是在贷款地区布局方面，农村农民消费潜力有待释放，要充分发挥普惠金融相关政策的作用，逐步扩大农村农民的贷款规模，进而推动农村消费金融市场的发展，消费金融的地区布局得到优化。三是尝试挖掘绿色消费金融领域。绿色消费金融是推进金融供给侧结构性改革的重要方向之一，对促进经济结构和消费结构转型升级都具有重要意义。加大绿色消费金融产品的创新，鼓励银行等金融机构扩大绿色消费信贷规模。

3. 深化消费金融创新，满足多样化消费需求

消费金融创新可最大限度地激发消费潜能，转化消费需求为实际的消费行为。一是创新服务对象。中低收入群体量多面广，具有较大的消费潜力，可作为消费金融的重点服务对象。二是创新金融产品。一方面，消费群体年龄段参差不齐，其需求也因此存在较大差异，消费金融可根据不同年龄段消费群体的不同需求设计具有针对性的消费金融产品。还可以发展成长链金融，就是创新服务个人终身的产品，可在某一特定时期适度或过渡授信。同时，为满足不同类型的消费需求，争取结构化标准产品和不同类型的非标产品同时存在。具体而言，一方面，将消费与其他产品相结合，创新多功能型金融产品，进一步扩展"消费+保险""消费+理财"等相关产品。国内消费市场空间巨大，还具有持续的政策利好，应紧抓机遇，加大力度开发多功能型金融产品。这不仅增加了消费者的收入，还减少其对未来保障的担忧，不仅提高了消费者"能消费"的可行性，还增加了"敢消费"的底气。另一方面，鼓励创新消费信贷类资产证券化产品。随着利率市场化的深入推进，商业银行将把发行多种类型的资产证券化产品作为重要的融资渠道之一。消费

信贷比较稳定，分散性好，具有较高的收益率，使之更适合成为资产证券化的基础资产。应适应经济发展，商业银行可在控制相关风险的前提下将消费信贷资产证券化产品作为重要创新点。

4. 为消费金融创造良好发展环境，助推消费金融稳健发展

第一，构建适宜的法律体系。建立健全针对消费金融的相关法律体系，使消费金融运行过程中的具体法律法规更加明确。第二，完善相关监管体系。消费金融服务主体多元化、模式互联网化，导致其风险较大。在进行针对消费金融特点构建监管框架顶层设计的基础上，明确相关监管部门在消费金融领域的优先监管权，并逐步构建行业协会的自律监管和银保监机构专业监管部门相互协作、明确分工的金融监管框架。第三，完善信用体系建设。扩大中央银行征信数据覆盖范围，构建多元化信息征信数据库，创新征信产品及其服务，针对不同的消费者发展不同层次、不同类型的征信体系。第四，创造良好的人文环境。通过多元化的方式积极向消费者传输消费金融存在的风险及相关法律法规，助力消费者树立理性消费的观念，健康理性的消费观引导合理的消费行为，避免不良消费现象甚至恶性社会事件的发生。

（二）数字金融支持消费升级

1. 大力发展数字普惠金融，激发居民消费潜力

一方面，借助数字普惠金融，持续创新金融体系。发展数字普惠金融对于天津市居民信用体系的建设和居民网络消费观念的树立具有促进作用，且对于居民消费能力的提高、居民消费选择的扩充发挥着举足轻重的作用。因此，传统金融机构要充分利用数字普惠金融，全面建设数字普惠金融市场，进而为全体居民提供更加满意的服务。另一方面，充分发挥数字普惠金融与居民收入之间的协同作用。居民收入增长在经济增长中发挥重要作用，且居民收入是激发居民消费活力的基础，可利用数字普惠金融来拓宽居民收入渠道。社会普通消费者可通过数字普惠金融获得比较全面的金融服务，进而解决临时性的资金困难等问题。通过多种类型的数字普惠金融平台，小微企业和消费者个体可以方便、快捷且低成本获得资金支持，这不仅能够刺激消

费，更能促进小微企业的顺利发展。所以，要以数字普惠金融为大众消费者提供全面服务为基本理念，充分发挥数字普惠金融增加消费者临时收入的作用，进而推动消费结构优化升级。

2.大力发展数字化消费金融，精准定位优质目标客户

人工智能、大数据、物联网技术和区块链等数字化技术的发展拓宽了消费金融转型升级的渠道，多维度提升消费金融服务，使之更具针对性、更有效。数字化消费金融的意义不只是引入了新技术，更是在控制了风险的前提下降低了成本，且优化了流程，运用线上和线下开放式的应用场景，将消费金融稳健持续发展的模式从根本上加以确立；运用大数据等技术精准定位目标客户；在消费金融业务全部过程中植入数字化技术，将消费金融产品的标准化、流程化和批量化顺利实现，同时有效控制消费金融运营过程中可能产生的风险。

3.打造数字化流程，助力消费信贷转型升级

通过金融科技赋能消费金融，形成以金融科技为代表的新金融产业生态圈。传统金融机构要充分利用金融科技的发展优势，通过资源整合、相互赋能等方式引入金融科技技术，以此推动消费信贷业务优化升级。此外，运用移动支付便民工程，提升消费便利水平，助推消费信贷转型升级。

同时，还需关注信贷过程中的风险防范与控制。在消费金融业务运营的全过程中都要合理植入金融科技，构建技术与管理者有机结合的风险防控体系。利用数据挖掘技术，精准分析客户信息，保证客户信息的真实性。运用人工智能技术构建评估风险、进行决策的动态数据模型，科学评估客户风险。依托区块链技术，保证链内客户相关信息的真实和准确流转。合理运用金融科技，有效构建金融科技数字化流程。建立专业化、标准化、集约化、智能化的信贷业务体系，形成流程化管理的消费金融机构。同时，消费金融专营机构通过合作渠道测试接入第三方征信数据，实现多维度交叉分析检验。贷款审批从传统的人为处理转变为完全由大数据分析、云计算处理，减少了主观因素的干扰，有效规避了道德风险和操作风险，降低信用风险。

4.发挥好金融产业及电商产业之间的联动效应

电子商务的发展离不开数字普惠的支撑，而数字普惠金融的应用及扩展在一定程度上也需要电子商务的发展。因此，在居民消费升级的大背景下，应该重视数字金融支持与电商嵌入的联动效果。一方面，在数字普惠金融发展的过程中，要给予电商平台及其上下游产业链更多的信贷支持，降低企业融资成本，以数字金融来提高电商企业及其产业链的规模效应、技术效应，实现电子商务的快速发展。另一方面，在网络消费方面，应该为消费者提供更为便利的金融服务，创新消费金融模式，缓解其临时性的资金短缺问题。

（三）金融服务助力消费升级

1.创新金融发展方式

信息时代赋予了金融体系更多的功能要求，数字普惠金融便利了居民的支付，方便消费者临时借贷资金，有利于刺激居民消费。此外，数字普惠金融因其普惠性，能够给予小微企业更多的信贷资金支持，降低企业生产成本。因此，在坚持扩大内需、促进居民消费升级的大背景下，应该进一步发挥数字金融促进居民消费升级的作用，创新数字化金融发展方式，提高数字化金融发展的深度与广度，尤其要促进落后地区数字普惠金融的发展。

2.促进电子商务产业的发展

电子商务水平发展越高的地区，居民消费结构升级速度越快，但对于农村地区而言，由于先天发展劣势，电子商务对居民消费结构升级的加速作用并不明显，这在一定程度上加剧了城乡之间消费结构性失衡的问题。因此，在布局城市电子商务发展的同时，需要将重心逐渐转移到支持农村地区电子商务发展上，培育农村居民网络消费的习惯，提供物流、互联网及技术上的支持，以加快农村地区电子商务的发展。

3.拓展金融要素供给，加大新消费项目生成

在强化信贷资金保障的基础上，积极引进消费金融公司、证券公司、保险公司、风险投资基金、产业投资基金等参与金融支持新消费发展试点，使金融更加有效地推动经济结构转型升级，实现高质量发展。统筹整合政

府、银行机构、企业等多方力量，建立更加灵活、更有效率、更高质量的新消费行业的项目甄别筛选和融资培育机制，加快已授信项目的信贷资金投放进度，帮助培育拟授信项目尽快满足信贷准入条件，实现融资加快发展。拓宽发展思路，搭建知识产权、专利权、商标权、股权、农房所有权等非传统抵（质）押物的综合性产权交易运行平台，推动新消费产业行业融资的抵（质）押方式创新。完善基金管理，运用相关的实施细则，确保基金准确、及时用于新消费信贷风险补偿；探索建立财政出资的融资性担保机构或引入区域外融资性担保、再担保机构，提升分险机制的市场化水平。不断完善金融基础服务设施，扩大现代支付工具使用率、覆盖面，继续推进信用体系建设，优化新消费纠纷的受理调解机制，为新消费可持续、高质量发展营造良好的货币金融环境。

B.9
雄安—天津金融协同发展研究

杨　蕾　王海净　田　倩　刘惠心*

摘　要： 雄安在京津冀协同发展中发挥着疏解首都经济功能等重要作用，而雄安新区的建设赋予了天津滨海新区开发开放的新的历史使命。天津滨海新区以先天区位优势为依托，以高端制造业和服务业作为支撑，不断完善营商环境、改革创新，助推经济发展。在京津冀协同发展过程中，雄安新区和天津金融协同发展则意义非凡。因此，本文在分析建设雄安新区历史意义和天津滨海新区基础优势的基础上，提出天津滨海新区与雄安新区金融协同发展的对策。

关键词： 天津滨海新区　雄安新区　金融协同发展

一　引言

随着雄安新区规划与建设的不断推进，京津冀协同发展开启了新的历史阶段，这也赋予了天津滨海新区开发开放新的历史使命。自2006年以来，天津滨海新区依托港口和空间载体优势，借助改革先行先试试验田的示范效应，主动为北京、河北提供便捷的出海通道，积极承接北京先进制造业和生产性服务业的转移，借助首都资源助推经济社会发展总体质量和水平提升，为京津冀三地搭建了产业互动的创新实践平台，成为三地要素融合的重要载

* 杨蕾，河北金融学院教授；王海净，河北金融学院会计学院讲师；田倩，河北金融学院会计学院讲师；刘惠心，河北金融学院会计学院助教。

体。面对设立雄安新区带来的挑战和机遇，天津滨海新区可携手雄安新区推动世界级城市群崛起，错位雄安新区承接非首都功能，助力雄安新区建设现代化新城，为未来赢得更加广阔的发展空间。

天津滨海新区对接雄安新区实现高质量发展，既要深刻认识到雄安新区的特殊发展定位，又要深入挖掘和发挥滨海新区的独特优势，两地区协作共同探索"大城市病"的最优开发模式，助力雄安新区实现历史使命。雄安新区与天津滨海新区的定位、优势与功能不尽相同。雄安新区特殊的功能定位注定其将肩负多重历史使命。而天津滨海新区致力于打造我国北方对外开放门户，在机制创新、交通运输、对外开放等方面具有得天独厚的优势。因此，面对雄安新区的历史定位，滨海新区应主动建立对接雄安新区发展的长久机制，建立市场、行政、体制、制度和文化全方位联通机制。对接雄安新区实现高质量发展要以对接机制创新为把手，充分发挥天津滨海新区在制度创新、对外开放等方面取得的先行先试经验，以创新为动力，深入挖掘在产业协作、人才建设、开放共赢方面合作的可能性，共同探索城市治理新模式。

二 雄安新区建设的历史意义

雄安新区的建设是党中央、国务院从历史与全局的角度作出的重大战略决策，这一举措将中华民族发展和中国特色社会主义建设推向一个崭新的历史阶段。

（一）雄安新区建设是千年大计

规划建设雄安新区，充分体现出中华民族的文化自信和中国共产党的政治定力。从全球来看，和平和发展仍是时代的两大主题，但当前国内外局势阴晴不定，世界经济不确定性上升，贸易保护主义抬头，随时可能引爆全球性贸易"核战争"。此时规划建设雄安新区，是人类经济社会发展历史中的一次全新探索，将会极大地创新人类对于社会生产组织活动模式和效率的认识理念。从国内来看，中国改革开放走过40余年，已经成为全球经济总量第二位的大国。但由于行政体制上的一些特点，也使中国成为世界上城乡差距、区域差距较大的国家之一，"先富带动后富、实现共同富裕"仍然难以落地，特别是产生了相邻区县由于行政区划属于不同省市，导致发展差距非常明显的现象。雄安新区的规划建设，将会成为通过行政主导、市场参与的模式，解决区域差距、城乡差距问题的典型案例，为解决全国性不平等问题发挥长期的示范效应。

（二）战略上疏解首都经济功能

目前，北京不仅是"四个中心"，还是事实上的经济中心和企业总部聚集地。因此，北京的经济功能是非核心功能的疏解重点。北京对企业和人口的吸引力在于丰富的行政资源和公共服务资源，以及不断自我强化的集聚效应，这种吸引力远远大于财税奖励、政府服务、自然资源的吸引力。随着户籍制度改革不断推进，人口流动更加自由，北京对资本、产业、人才等资源要素的集聚效应将充分显现。北京市也通过强制搬迁、提高公共服务价格等行政措施，选择性限制人口、产业进一步流入。但这些行政手段并未触及问题的本质与核心，难以逆转资源要素长期趋势性流动。雄安新区当前的主要任务，就是通过承接北京的经济功能，撬动资源要素转移疏解，真正实现京津冀协同发展。重要措施就是通过国家层面的统筹协调，引导中央企业总部向雄安新区疏解，并发挥市场经济"看不见的手"的资源配置作用，推动产业链上下游企业向雄安新区集聚。同时，在雄安新区的水、电、气、热等基础设施和教育、医疗等公共服务方面，北京市和河北省建立协调机制，将显著缩小雄安新区和北京在软硬件条件上的落差，为北京经济功能疏解提供全方位保障。

（三）与深圳特区具有明显差异

虽然雄安新区和深圳特区都是在探索中实践又在实践中继续摸索，但从所处的历史时点、战略定位和核心任务来看，二者都有明显不同。从历史节点来看，提出建设深圳特区是在20世纪80年代，正值万象更新、百废待兴之际，经济社会如何发展的问题亟待解决。建设雄安新区是在改革开放40年后，国家正在由"游戏"参与者向规则制定者的身份转变。因此，新时期提出建设雄安新区，对于全局的战略思考和把握更加准确。从战略定位来看，在20世纪80年代，深圳的定位是五大经济特区之一，与厦门、汕头、珠海、海南相同。深圳取得的瞩目成效，得益于区位、面积、制度、产业政策等多方面因素。2009年，深圳才获得全国经济中心城市和国际化城市的定位。而雄安新区提出时，就被赋予"继深圳经济特区和上海浦东新区之后又一具有国家意义的新区"等一系列重要定位，这为未来的规划建设打下了坚实的根基。比如，虽然雄安新区目前在产业、人口、基础设施等方面与周边地区相比还有很大不足，但雄安新区的"北京非首都功能疏解承载地"定位意味着雄安新区拥有享受北京资源要素的独特优势。因此，雄安新区的起点站位更高。从核心任务来看，深圳特区主要是对外开放，打造连接香港和内地的桥头堡。而雄安新区则要重新规划建设一个吸引力堪比北京的区域。虽然雄安新区的建设得到有关部门、省市的全力支持，但任务更为艰巨。

（四）新时期创新发展的标志

雄安新区的建设是新时期创新发展的标志性事件，具有明显的时代特征。从京津冀地区来看，区域经济落差巨大。这就需要选择适当区域，实现既能破解首都"大城市病"，又能带动周边地区发展的双赢局面。从国家层面来看，区域和城乡差距已成为我国经济社会可持续发展不可忽视的阻碍因素之一。设立雄安新区是打破行政壁垒、促进生产要素在自由流动的重大创新，将为地区协同发展和城乡协同发展提供示范。从世界层面来看，几乎没有集中疏解非首都功能的成功案例。为有效疏解首都的经济、社会、文化、科技功能，一些国家采取了分散疏解的模式，取得了一定效果，如日本东京的"中心区—副中心—周边新城—邻县中心"都市圈模式、英国伦敦的"伦敦—伯明翰—利物浦—曼彻斯特"城市群模式等。相比较而言，一些国家尝试采取集中疏解模式破解首都"大城市病"问题，但尚未形成可供参考借鉴的经验，如韩国世宗、马来西亚布城。因此，雄安新区的规划建设是一次创造性的探索实践。

三 雄安新区建设赋予天津滨海新区新的历史使命

天津滨海新区自1984年启动建设以来，特别是2005年上升为国家发展战略以来，在体制机制改革、制度创新、开发开放等领域，被赋予重要的历史使命。从京津冀协同发展战略的提出到雄安新区规划建设的落地实施，天津滨海新区在历史的轨道中不断承担新的使命和任务。

（一）天津滨海新区开发开放经历了科学有序的梯度发展阶段

天津滨海新区发展大体历经以下三个阶段。

第一阶段为1984—1994年，是天津滨海新区奠定基石阶段。1984年设立天津经济技术开发区，1991年设立天津保税港，1994年天津滨海新区雏形初现，成为我国北方龙头带动能力突出、战略性新兴产业蓬勃发展的经济新区。

第二阶段为1994—2005年，是天津滨海新区开拓发展阶段。1994年天津提出"用十年左右时间基本建成滨海新区"的美好蓝图，明确了天津滨海新区的发展方向。这一阶段，天津滨海新区的产业结构、业态布局、发展动能发生了明显变化，初步形成以外向型经济为引领的经济结构。

第三阶段为2005年至今，是天津滨海新区实施国家战略阶段。2006年天津滨海新区正式启动开发开放国家发展战略，这意味着天津滨海新区发展站在了新的起点。2015年，天津自贸试验区正式挂牌成立，天津滨海新区再次成为开放高地。天津滨海新区把贯彻落实国家发展战略贯穿于开发开放全过程，主动为改革试验探路，打造区域发展新动能，建设生态宜居新城，从初创期进入中兴期。

（二）天津滨海新区承担着重大改革创新使命

天津滨海新区是国家改革开放的示范高地，也肩负着经济增长"第三极"的国家使命。2005年，滨海新区开发开放被纳入国家规划和总体战略布局。党的十八大以来，习近平总书记、李克强总理先后视察滨海新区，对加快推进新区开发开放作出重要指示。在国家的领导下，天津滨海新区大胆改革，先行先试，探索形成一批可复制、可推广的经验，有力地支持了环渤海地区的经济协调发展和产业结构优化升级。

雄安新区建设是深入推进区域经济协调发展的重大决策部署，对于集中疏解北京非首都功能、打造全国创新驱动发展新动能、加快构建京津冀世界级城市群具有重要意义。同时，雄安新区的建设也为天津滨海新区带来了重要的历史性窗口期机遇，对天津滨海新区开发开放提出了新的要求。天津滨海新区可立足新发展格局主动服务雄安新区发展，以雄安新区建设为契机，学习借鉴雄安新区规划建设管理经验，更好地服务区域协同发展。

四　天津滨海新区对接雄安新区的基础优势

近40年的发展时间，滨海新区历经由地方发展战略上升为国家发展战略，由沿海荒滩上升为经济"增长极"、改革"试验田"和开放"桥头堡"的升级。天津滨海新区的开发开放与我国改革开放取得的伟大成就紧密地融为一体，具备了对接雄安新区的基础优势。

（一）天津滨海新区开发开放反映了我国改革开放取得的成就

近年来，天津滨海新区先后实施两轮综合配套改革，在管理体制、行政审批、金融等关键环节和重点领域改革上充分发挥了先行先试作用。

从建设规划和范围来看，自1984年开始扩容，直至如今的天津港保税区、东疆保税港区、天津滨海高新技术产业开发区、中新天津生态城，国家级开放区域从1984年的33平方千米扩展到如今的2270平方千米，开发开放空间显著拓展。

从功能定位和内涵来看，天津滨海新区集经济技术开发区、高新技术产业园区、出口加工区和保税区于一体，被赋予了国家综合配套改革试验区、自由贸易试验区、国家自主创新示范区的功能，具有以开放促发展、以合作促协同的独特功能优势。国家赋予天津滨海新区的定位涵盖了经济发展、民生改善、城市建设、社会治理等方方面面，顶层设计和总体布局凸显了天津滨海新区的重要战略地位。

（二）天津滨海新区开发开放积累了明显优势

从地理位置和交通条件来看，得益于环渤海经济带和京津冀城市群，作为亚欧大陆桥最近的东部起点，天津滨海新区服务环渤海、辐射"三北"、面向东北亚，区位优势明显。天津港是世界第四大综合性港口，滨海国际机场是我国北方重要的航空货运机场。同时，天津滨海新区拥有塘沽、滨海、滨海北、于家堡等多座火车站和京津塘、津滨、长深、海滨等多条高速公路，与天津市区无缝衔接，与北京核心区一小时通达。从自然资源和生态环境上，天津滨海新区拥有水面、湿地700多平方千米，水资源相对充沛。同时，天津滨海新区还拥有8处郊野公园和22条林带，在空气净化、植被绿化、水土保持等方面起到了明显的改善作用。2014年，天津滨海新区划定了生态用地保护红线，生态环境进一步改善，基本形成绿色环保的整体空间格局。

从发展现状和产业基础来看，天津滨海新区将八大高端制造业作为骨干，以现代金融、航运和物流、旅游等服务业为支撑。不断完善的营商环境已达到便利化、国际化和法治化；改革、开放和制度所带来的红利对经济发展的"助推器"作用显著增强，为推动我国北方地区更好地融入全球产业价值链作出了突出贡献。

五 国家级新区金融政策的梳理

自国务院批复设立上海浦东新区，以天津滨海新区和重庆两江新区为首的19个国家级新区设立成功。不同于其他区类概念，国家级新区作为综合功能区，在国家重大发展和改革开放战略任务中担当大任，其批准设立及相关政策均经中央政府批准和设定。金融政策作为配套政策之一，能够积极促进新区金融产业和实体经济的发展。

通过总结以往18个国家级新区的发展经验和参考意见，可以为建设发展我国第19个国家级新区——雄安新区提供启示。经过梳理，可对国家级新区建设发展中需要的金融配套设施进行如下归纳。

（一）鼓励设立金融机构，健全金融机构体系

一是健全银行业金融机构体系，要向符合条件的银行业金融机构的分支机构及民营资本发起设立的中小金融机构与外资银行的分支机构的进驻提供支持和鼓励。二是将非银金融机构的设立进一步完善。主动吸引和推动保险机构落户，建立全国性保险资产交易所，积极推进保险公司和保险业的创新发展；积极探索大宗商品交易市场和期货保税交割试点的建立；设立诸如创业投资、数目股权投资等类型的股权投机机构。

（二）拓宽投融资渠道，支持新区建设和产业发展

一是鼓励直接融资，提高直接融资渠道比例。提供便捷的直接融资平台，积极推行股票、企业债券、资产支持证券、中期票据、保险信托计划及私募股权投资和创业投资等融资手段，为新区内符合条件的企业提供多渠道进行资金筹措的机会和平台；鼓励在遵守法律规定和监管规定的基础上，运用保险资金对基础设施和重点产业项目进行投资；鼓励金融租赁企业通过银行间从事资金拆借和债券发行，鼓励运用金融租赁方式为企业提供信用支持。二是积极引进社会资本，助力新区建设发展，如引导担保基金、政府创业投资、PPP（政府和社会资本合作）、融资租赁等多种方式参与新区各项发展建设。

（三）扩大金融对外开放，促进对外经贸合作

针对具有相对开放优势的地区，积极推动对外开放窗口和平台的打造和完善，提升经济贸易合作便利度和多元化的提高。这一政策具有明显的地域性特征，主要涉及黑龙江哈尔滨新区、上海浦东新区、天津滨海新区、重庆两江新区、广州南沙新区、云南滇中新区、福建福州新区等新区。具体实施

措施包括：设立外汇管理改革试点，逐步推进离岸金融服务发展；创新跨境人民币业务，提升人民币在对外贸易和投资中的使用频率，开展资本项目可兑换试点试验；将跨国公司外汇资金集中运营管理准入门槛进行适度降低。

（四）鼓励金融服务创新，推动特色发展

放宽新区的金融政策权限，鼓励金融机构在金融产品和服务方式方面进行创新性发展。同时要根据各地发展特色，制定因地制宜且具有地方特色的金融政策，实现多元化发展。

六　雄安天津金融协同发展的四个"必须"

（一）雄安新区转移北京非首都功能同时服务北京首都核心功能发展

将北京的非首都功能中符合未来雄安新区发展方向的产业向雄安新区进行转移。一是社会公共服务功能，如教育、医疗；二是行政性、事业性服务机构和企业总部等；三是高端生产性服务业和现代服务业。其中，金融产业作为生产型服务业的一种，对现代经济发展发挥重大作用。因此，为发展雄安新区的金融服务业，绿色金融的发展理念、高精尖产业发展、金融基础设施和服务环境的升级优化、交通网络的建设、政策的大力扶持、体制机制的改革、对外开放水平等因素都需要共同发力、提供强有力的支撑，为未来雄安新区产业发展保驾护航。

（二）以雄安新区为新发展方向　补齐河北金融发展的短板

雄安新区未来的发展，将会不断地给河北周边区域带来巨大红利，提供巨大的金融发展契机和战略机遇。通过雄安新区这一座桥梁的连接，石家庄和保定与北京和天津之间的协同发展关系将更加密切，产品创新、基础设施建设、人才战略等方面都将有所提升，推动河北省乃至整个京津冀地区金融市场、制度等发生改革和提升，实现各方在金融功能上的有效区分和错位发展。

（三）必须大力推进天津滨海新区金融业的发展和创新，在京津冀协同发展战略中发挥自身优势

京津冀唯一的金融创新运营示范区位于天津，京津冀唯一的自贸试验区坐落在天津滨海新区。滨海新区在十多年的发展中积累了丰富的经验，依赖独特的地理优势和区位优势，滨海新区在金融对外开放方面尤其突出。滨海新区的优势不言而喻，未来，滨海新区应当加快金融创新发展，扬长补短，争取在农村金融、绿色金融、互联网金融、衍生品金融等多方面实现创新。

积极响应国家政策并切实落实到行动上，金融服务实体经济需要创新和推进，小微企业要关注，也要积极参与产业发展基金的设立。自贸试验区要进一步推进金融的改革和开放，金融改革要创新，开放既要对外，也不能忽视对内的重要性，以外循环促进内循环。

（四）雄安新区与天津滨海新区必须共同助力京津冀金融市场一体化的形成

雄安新区的设立，给京津冀金融市场一体化带来了机会。在未来比较近的一段时期中，政策红利是雄安新区的独特优势，因此金融改革开放也会更快。而天津滨海新区有丰富的金融发展经验，两个新区应当相互合作，求同存异，发挥各自优势，共同推进体制机制改革，助力京津冀金融一体化发展。

七　雄安—天津金融协同发展的对策研究

（一）针对定位制定金融政策

雄安新区的功能定位是北京非首都功能疏解集中承载地，战略定位包括首都副中心、分散首都政治经济风险、解决京津冀问题、打造新的增长极、进一步改革开放等。雄安新区未来会成为生态城、创新城，会成为协调发展和新一轮改革开放的先锋。针对这些定位，雄安新区需要的金融政策涉及金融开放、区域金融、绿色金融、物流金融、产业金融等多个方面，最终应当形成一个较全面和细化的政策支持体系，从而助力新区的协同发展。

（二）重点培养当地核心金融企业

滨海新区内金融机构发展水平整体不高，因此必须提高区内金融机构的层次及承接业务的能力，才能实现进一步发展。

滨海新区可借助融资租赁的优势，优先着重培养出一批当地的核心金融企业。在选择上，可以首选金融控股公司，因为金融控股公司的风险比较容易控制，而且可以综合运营、全方位服务。另外，充分利用既有资源，运用收购、重组、兼并、增资等多种方式，建立大型的金融控股公司。在业务方面，注重创新与开放，多多支持跨境金融业务，利用好融资租赁的跨境优势，建立金融超市并积极运作。

高标准严要求的大型金融控股公司的建立，能够带动区域内金融机构整体水平的提高；有利于交易制度的完善；有利于金融市场的国际化；有利于交易环境的提高，从而提升金融机构的国际吸引力，促进滨海新区的高质量发展。

（三）完善金融机构体系和拓宽融资渠道

完善金融机构体系和拓宽融资渠道是国家级新区发展最基础的金融政策，做好最基础的金融支持政策对新区的发展至关重要。

雄安新区现有金融机构种类不足、存贷比低、金融深化程度不足、金融对经济的渗透能力低，因而雄安新区的金融基础十分薄弱。在金融机构的完善方面，雄安新区应当弥补地方法人金融机构的缺失，设立雄安银行、雄安农村商业银行等地方法人金融机构；立足疏解北京非首都功能定位，吸引各类金融机构进驻雄安新区，鼓励金融机构支持雄安新区重点领域的建设和薄弱环节的改善，同时促进京津冀协同发展。在融资渠道方面，要大力发展并运用多层次资本市场的力量，助力河北省资本市场的发展。

滨海新区在金融发展上已积累了许多经验，现在更加应当认清自己的优势与不足，扬长补短，借鉴发达金融中心的经验，进一步优化和完善金融市场体系。在基金发展方面，滨海新区应当加大产业基金的培育，包括私募股权基金和风险投资基金，支持传统优势行业和高新企业的发展，加快"北方基金交易中心"的建设。在OTC市场方面，天津股权交易所应重视全国性优质企业的培养，不断完善做市商交易制度，促进企业转板，提升市场的流动性，借鉴国际公认标准，真正发挥出全国OTC市场的作用。在融资租赁方面，趁热打铁，在已有建设的基础上，进一步创新发展，开拓市场，组建中国租赁资产交易市场，助力滨海新区早日建设成"全国租赁示范中心"。在制度保证方面，政府应根据金融发展的需求，出台和完善相关金融制度，拟定符合本地区金融创新需要的地方法规，为滨海新区金融产业集群的进一步发展提供制度保证。

（四）重视金融创新，服务历史使命

雄安新区建立的首要目的就是疏解北京的非首都功能，也就是说，它是一个不以经济发展为主的新区，因此，新区有它的独立性和特殊性。根据以往经验来看，国家设立的许多新区发展多年都没有太大吸引力，尤其是在人口吸引方面，因为新区在发展过程中没有形成独特的优势，社会经济总体发展与所在地整体水平相差无几。因此，雄安新区必须以此为鉴，在金融领域，发挥出强劲势头，无论是金融机构创新、金融业务模式创新还是金融政策创新都要敢作敢为，一马当先，避免陷入平平的境地。

（五）完善金融监管机制

做好不断完善金融监管法律法规的准备，随着金融领域的创新而创新，力求全面、细致、合理；监管人员无论新老，都应当接受有实效的培训，使其具备了解金融业最新发展情况的能力；监管模式的创新可以借鉴英国的统一监管模式，改变现有的多头管理，从而简化监管流程、降低监管成本、避免监管低效、收窄金融风险；监管部门不仅需要监督各个金融机构完善风险评估机制和信息披露制度，而且必须建设自身的金融风险预警系统。

（六）注重高端人才的引进和培养

人才是创新的源泉、是高质量发展的必要条件，新区必须要重视专业人才的挖掘，尤其是高端金融专业人才。可以通过引进或者定向培养等方式，吸引高端人才落户。想要达到引进高端人才的目的，就要出台相应的政策措施，给予高端人才在新区内的最优待遇，包括提供合理的薪酬回报、消除制度性阻碍、对贡献作出奖励表示等。新区还可以与高校合作，通过高校的帮助，定向培养优秀的专业人才。对于现有从业人员，必须要加强培训，努力提升专业素养，走高质量发展之路。此外，健康舒适的自然环境和人文环境对于留住人才的作用是巨大的，因此也要十分重视环境的塑造。

（七）金融协作，对接高质量金融业务

滨海新区在融资租赁方面的发展处于全国领先地位，在与雄安新区的金融协同发展过程中，必定要发挥出相应的优势。通过设立滨雄融资租赁产业基金，加快带动雄安新区发展高质量的融资租赁金融业务。鼓励天津市属金融机构在雄安设立分支机构，并开展同类创新业务，支持滨海新区的创新业务因地制宜地在雄安新区发展，同时鼓励金融企业、项目连带人才参与雄安新区的创新发展。支持设立两个新区之间的跨域融资租赁和金融租赁资产登记流转平台。

在融资工具方面，雄安新区可以利用天津融资租赁资产证券化方面积累的经验，探索出适合自己的融资租赁资产证券化业务；还可以依托天津融资租赁交易的丰富经验，建设出高质量的融资租赁交易平台。

（八）大力发展绿色金融，支持实体经济的可持续和绿色发展

1.雄安层面

（1）建设绿色技术创新投资中心

雄安新区既要建成科技城，又要建成生态城，二者的有机结合将促进雄安新区的创新发展大业。将二者有机结合最好的一个手段，便是建设一个以

绿色技术为核心的创新资源平台，一方面吸引世界领先的绿色技术企业和研发中心入驻平台，另一方面吸引绿色技术领域的天使、VC 和PE 投资基金入驻平台，促进平台集绿色技术研发、展示与应用于一身，并致力于将雄安新区打造成全国乃至国际上的绿色技术创新投资中心。

（2）建立绿色基础设施和绿色建筑投融资示范区

国际公认的能源消耗和碳排放三大领域为建筑、能源和交通，并提出绿色化是我国未来实现碳中和目标的关键点。世界银行的专家认为，来自基础设施和建筑物的碳排放占比超过全球三分之二，"每建造1平方米房屋，就要产生0.8吨的碳排放"，因此低排放、低能耗的绿色基础设施和绿色建筑是绿色金融未来支持的关键所在，绿色建筑在碳排放减少方面大有所为。中国人民银行前首席经济学家马骏曾提出，近些年随着城乡居民生活水平提高和服务业快速发展，建筑能耗增速远超过建筑面积的增速。雄安作为新区，为建设"绿色生态宜居新城区"，新的城市基础建设和建筑项目成为未来几年的投资重点。建议雄安新区构建绿色金融体系，因建设初期在绿色基础设施、清洁能源、绿色建筑、污水固废处理、地铁轻轨、城市管廊等领域投资总额过高，可能高达1万亿元，故在政府资金只能满足小部分绿色融资需求的同时，吸引和动员各类社会资本积极参与到新区的建设中，为把雄安新区打造成绿色基础设施和绿色建筑投融资示范区贡献力量。同时，雄安新区要打造成为"绿色、智慧、创新、宜居"的新城，将会面临起步阶段的绿色基础设施建设、生态保护和修复治理项目上的投资回收期往往较长、投资金额过大、传统方式贷款无法满足等问题，因此要把绿色金融产品和工具进行专业化定制化处理，充分挖掘财政预算之外的创新投融资渠道潜力，将政府和市场两种力量协调起来，完善绿色金融的各类创新；并且通过雄安新区的新型示范作用，不断创新、发展、完善，打造成可复制、可推广的绿色智慧城市和经典案例。

（3）构建有地方特色的绿色金融体系

为支持绿色金融发展，雄安新区应在《关于构建绿色金融体系的指导意见》指引下，积极构建有雄安特色的绿色金融体系，包括鼓励出台绿色金融激励政策、主动集聚绿色金融要素资源、充分利用多种绿色融资渠道、积极引入新型融资工具，形成可复制、可推广的经验。

第一，鼓励出台绿色金融激励政策。雄安新区为建成国际一流、绿色、现代的智慧城市，要创新传统的在财税、价格、土地基础上的政策工具鼓励，提高绿色金融机构自身盈利能力，充分协调市场主导和商业可持续发展两大力量，大力拓展基于市场的金融政策工具。

一是建立绿色担保与增信机制。在政府部门的引领下，融资担保机构大力创新绿色项目担保融资扶持政策，降低项目融资成本，拓宽绿色担保资金的来源渠道，增强企业投资绿色产业的信心。鼓励国有政策性银行和政策性保险机构与绿色能源建设企业合作，共同建立现代风险补偿基金，起到风险分担和增信的作用。

二是建立绿色贴现机制。为支持新兴绿色产业，让更多大型、中型、小型企业参与到绿色项目建设中，各地方政府要建立健全财政对绿色信贷项目的高效贴息机制，加大贴息力度，逐步放开对绿色贷款的贴息标准限制并合理划定贴现期限。加大财政贴息在绿色环保领域中资金放大的杠杆作用，有效减轻企业付息负担，使有限的财政资金能够撬动更多的社会资本投入到雄安新区绿色产业建设中。

三是建立绿色金融与生态补偿机制相结合的市场机制。贯彻绿水青山就是金山银山的重要理念及山水林田湖草是生命共同体的系统思想，雄安投入大量资金提升白洋淀的水质和水位，为提供全国性优质旅游景点作出巨大贡献。同时，雄安新区关停大批污染型企业并投资治理大气污染，使包括北京和天津在内的周边地区获益，产生很强的外部性。为了使外部性内生化，让雄安这类绿色投资得到受益地区的资金支持，本着"谁受益，谁出钱"的原则，建立完善多元化、区域间的生态补偿机制，鼓励北京、天津等相关地区通过资金补偿、对口协作、产业转移、人员培训等形式支持有显著外部环境效益的雄安绿色项目。建立横向补偿机制，具体做法可以参考全国首个跨流域生态补偿机制试点——浙江与安徽新安江流域案例的设计。

第二，主动集聚绿色金融要素资源。政策优势和市场资源共同发挥作用，吸引绿色金融机构聚集，为创建雄安新区绿色金融改革创新试验区打下坚实基础。推动传统金融工具的绿色创新，鼓励保险公司、大中型银行、私募投资基金、保险资产管理公司等机构在新区内设立绿色事业部或绿色发展基金，大力支持雄安绿色产业发展。建立京津冀地区排污权交易制度、水权交易制度、碳排放权抵消机制等一系列多元化绿色金融要素交易平台，有效削减污染物排放量，营造公平公正水权交易市场环境，降低减排成本，提高减排效率。

第三，充分利用多种绿色融资渠道。推动绿色企业利用多层次资本市场融资。支持符合条件的大中型、中长期绿色企业和金融机构发行项目支持票据或绿色债券。鼓励参与雄安新区投资的优质绿色企业利用国内外资本市场融资，开展重组并购，推动产业绿色升级。积极推动绿色企业在主板、创业板、新三板等多层次资本市场挂牌。积极发展股权投资，引入天使投资和创业投资，发挥好资本市场发展基金的作用，加快一批自主创新型、成长型上市企业的培育和储备。

推动绿色产业融资主体多元化，扩展绿色融资渠道。随着中国绿色市场日益受到政府重视，绿色项目逐渐覆盖更多行业，积极建立与政策性金融机构、政策性银行和政策性保险机构合作，使融资主体更加多元化。构建具有雄安地方特色的绿色金融体系，具体内容包括构建发展环境权益抵质押融资、政府和社会资本合作项目融资建设、创新包括外资在内的绿色PPP模式等。大力推动区外优秀绿色企业与雄安新区内企业实现并购重组，同时引导社会各类资本投资绿色产业，并设立创投基金、天使基金、产业基金等绿色产业投资基金。

第四，积极引入新型融资工具。加大传统金融工具在市场化融资方面的创新力度，积极引进绿色投资机构，大力推动绿色金融工具创新，引导更多社会资本投资绿色产业，不断提升雄安新区内金融服务绿色产业的精准性。加强保险公司和雄安新区内企业合作，通过保险资产债权投资计划等方式并利用保险资金周期长的特点，参与新区内投资规模大、周期长的重点基础设施项目建设。鼓励企业用夹层融资工具、产品证券化、私募债、信托等形式进行融资，优化融资结构，降低融资成本，增强企业投资信心。积极探索绿色资产证券化融资。近年来，国家开发银行为完善绿色体系建设，推动企业绿色资产证券化，使用加大信贷投放力度、发行绿色债券等多种方式用于践行绿色发展理念。实施绿色资产证券化，将募集资金用于污染防治、工业绿色发展、新能源开发利用等方面。

第五，积极开展绿色金融国际合作。积极深化绿色金融国际资本合作，引入国际金融公司、世界银行、亚洲开发银行等国际金融机构和其他外资机构投资雄安新区绿色项目开发。推动雄安新区建立绿色金融合作平台并设立绿色发展基金，鼓励参与区内投资的金融机构和企业到境外发行绿色债券，促进绿色金融国际标准趋同。

第六，强化环境信息的披露和使用。建立企业环境信息披露制度，加强企业环境信息披露要求，强化企业环保意识，落实企业环保的社会责任，推进雄安新区绿色转型发展。开展环境信息披露制度有助于金融机构的环境风险评估和绿色债券等金融工具筹集资金，用于雄安新区绿色产业项目的建设。建立包括污染治理情况、生态修复进程、保护性开发记录等在内的绿色信息平台，加大对京津冀地区生态环境的监测力度，建立健全包括雄安新区和环雄安新区内的绿色信用体系。作为银行办理信贷业务和其他金融服务的重要依据。

2. 天津层面

（1）加快专项指导文件的出台，推出专项政策

一是借鉴绿色金融改革创新试验区的经验，出台关于绿色金融的专项文件，在政策上给予引导、指导和帮助，包括绿色经济发展实施细则、绿色信贷产品和抵（质）押品指导意见、绿色融资租赁创新指导意见等。以绿色融资租赁为例，作为融资与融物相结合的金融模式，租赁物会用于生产经营，结合绿色的引导，用于绿色产业的租赁，无论是节能减排还是环境保护，无论是新能源还是新技术，都可以纳入绿色融资租赁创新，给予资金支持及政策上的扶持。

（2）建立天津绿色金融标准体系

绿色金融标准是明确业务边界、落实配套扶持政策、便利社会责任投资

决策，以及强化业务管理和风险管控的重要依据。近年来，绿色金融标准制定进入快速发展阶段，区域性绿色金融试验区为探索出可复制、可推广的发展经验作出巨大贡献。同时，天津市也在积极构建符合天津特色发展的多口径、多层次的绿色金融标准体系。

（3）建立天津绿色金融综合信息平台

设立专门的部门，将绿色金融的相关信息汇总整理，通过建立绿色金融信息平台发布。将有利于金融机构、环保部分、民间机构及环保实体经济快速实现信息交流与互动，促进绿色金融发展。通过平台的案例分享帮助金融机构及实体经济发现适合自己业务的模式，发挥信息中介的作用，通过平台数据，有利于利用数据分析与挖掘技术促进绿色智库、绿色研究的发展。

（4）建立绿色项目库

打造绿色项目库"天津样本"，利用天津现有的金融资产交易中心和金融机构，开发特色绿色金融产品并向企业提供绿色信贷支持，同时政府、各行业部门定期对绿色金融支持项目进行更新、维护和管理。加大对绿色项目库的宣传力度，保持各类主体申报绿色项目的渠道畅通，努力推动绿色项目加速建设。

（5）加大绿色项目和绿色能力建设

鼓励高校及科研机构申请设立绿色相关项目进行研究，在科研上予以更多引导，成立天津市内的绿色相关智库机构，与国内相关研究机构建立广泛的交流及合作，将ESG（Environmental、Social、Governance）理念贯穿各个环节，即在投资过程中不仅重视投资回报，也兼顾投资的社会影响，增加考虑社会公平、经济发展、人类和平和环境保护等问题。鼓励高校组织绿色相关培训，开发相关课程，通过论坛媒体广泛宣传，既可以促进企业间合作交流，也可以起到引导消费者进行绿色消费，倡导绿色生活。

B.10
"十四五"时期天津金融政策着力点解析

刘浩杰　王会奇　秦亚丽[*]

摘　要： "十三五"时期，天津金融业秉持"金融服务实体经济"理念，持续创新和优化金融产品和服务，推动天津经济实现高效率、高质量发展。展望"十四五"，在"双循环"新发展格局下，天津金融业将迈入新发展阶段，为天津经济转型升级提供金融支撑。本文通过对比"十四五"与"十三五"时期的金融政策变化，明晰"十四五"时期天津金融发展的转型空间，为金融多维发力推进天津高质量发展提供政策参考。

关键词： "十三五"规划　"十四五"规划　天津金融政策　高质量发展

第十三届全国人民代表大会第四次会议表决通过《中华人民共和国国民经济和社会发展第十四个五年规划和2035年远景目标纲要》（以下简称《纲要》）。《纲要》立足新发展阶段，深入贯彻新发展理念，着眼构建新发展格局，描绘了我国未来经济社会建设的宏伟蓝图。其中关于金融政策的描述，如"健全具有高度适应性、竞争力、普惠性的现代金融体系，构建金融有效支持实体经济的体制机制"，既是党中央对经济形势的判断和整体布局，也是金融业"十四五"时期经营发展的前进方向。

与此同时，在《中共天津市委关于制定天津市国民经济和社会发展第十四个五年规划和二〇三五年远景目标的建议》基础上，天津市第十七届人民代表大会第五次会议表决通过《天津市国民经济和社会发展第十四个五年

---

　*刘浩杰，天津财经大学金融学院博士生，研究方向为汇率风险和跨境资本流动管理；王会奇，供职于中国人民银行天津分行；秦亚丽，供职于中国人民银行天津分行。

规划和二〇三五年远景目标纲要》（以下简称天津"十四五"规划），进一步明晰了天津未来发展蓝图和工作思路。这些目标既与国家"十四五"规划和2035年宏伟蓝图相对接，又结合天津特点，寻求自身定位，具有较强的可行性与实操性。其中，金融政策坚持"金融服务实体经济"的高度定位，明确了"十四五"时期天津金融发展的目标、重点、任务和政策取向。据统计，天津"十四五"规划涉及关于"金融"出现61次，相比"十三五"规划的38次几乎增加了一倍，进一步说明了金融发展对天津市发展的重要性。

一　天津"十四五"规划的背景

从国际来看，当今世界正经历百年未有之大变局，新冠肺炎疫情全球大流行使这个大变局加速演进，国际环境日趋复杂，不稳定性、不确定性明显增强。国际政治格局深刻转变，多极化加速发展，发达经济体主导的全球治理体系面临重构。世界经济格局"东升西降"，国际经贸规则加快变革。各国产业竞争日益激烈，新技术发展加速重塑国际产业分工格局。金融风险持续积聚，新一轮宽松货币政策推高全球债务水平，低利率、负利率或成为常态。

从国内来看，我国经济已转向高质量发展阶段，尽管突如其来的新冠肺炎疫情对我国经济发展带来了比较大的负面冲击，但我国经济稳中向好、长期向好的基本面没有变。供给侧结构性改革持续推进，对外开放持续扩大，营商环境持续改善。"十四五"时期，我国将充分利用国内超大规模市场优势，统筹国内发展和对外开放，加快形成以国内大循环为主体、国内国际双循环相互促进的新发展格局，与此同时，继续深化供给侧结构性改革，促进产业转型，建设更高水平开放型经济新体制，不断为我国经济发展注入新动能。

从金融业来看，我国金融业当前及今后一个时期的发展处于非常重要的战略机遇期。金融开放全面提速，银行、保险、证券等金融业外资开放准入逐步扩大，支付清算等金融市场双向放开，沪港通、沪伦通、债券通等互联互通程度不断上升，多项开放举措加速落地。金融供给侧结构性改革成果显著，市场融资结构不断优化，直接融资占比持续提升，多层次、广覆盖、高度适应的金融体系正在逐步形成。

从天津来看，在经济运行方面，"十三五"时期，全市地区生产总值年均增长3.8%，城乡居民人均可支配收入年均增长7%，全面建成小康社会取得决定性成就。在金融发展方面，截至2020年末，天津市各类金融机构超过4000家，金融业增加值占全市生产总值的比重高达14.6%，金融业成为本市国民经济发展的重要支柱产业之一。然而，天津市经济金融发展仍然存在民营经济发展氛围不浓厚、要素资源集聚吸引力不强、科技成果转化和产业化率不高等问题。

2021年是天津开启全面建设社会主义现代化大都市的开局之年，也是天津"十四五"开局之年，天津市将继续以习近平新时代中国特色社会主义思想为指导，深入贯彻落实党的十九届五中全会精神和习近平总书记对天津工作"三个着力"要求及一系列重要指示批示精神，以推动高质量发展为主题，以深化供给侧结构性改革为主线，以改革创新为根本动力，深入实施京津冀协同发展战略，加快打造国内大循环重要节点、国内国际双循环战略链接。同时，天津市金融业将认真贯彻稳健的货币政策灵活精准、合理适度的要求，进一步增强金融服务实体经济能力，提升对民营、小微、制造业、绿色发展、科技创新等重点领域金融服务，从金融服务实体经济的角度推动天津经济实现高效率、高质量发展。

二 "十四五"相较于"十三五"金融政策的变化

回首过去，"十三五"时期，中国金融业有序全面开放、金融风险得到有效控制，天津金融业秉持"金融服务实体经济"的理念，持续优化金融产业布局，大力推动天津市金融发展进程，实现了天津经济高效率、高质量发展。面向未来，在"双循环"新发展格局下，"十四五"时期天津经济迎来新的发展机遇，天津金融业将迈入新阶段，助力经济转型升级。

（一）加快金融创新，高水平建设金融创新运营示范区

"十三五"规划提出建设全国金融创新运营示范区，推动金融制度、产品、工具和服务模式持续创新。"十三五"时期，天津围绕推进金融创新运营示范区建设，有效实施多项改革创新举措。其中，天津自贸试验区制度创新进一步深化，向天津市和相关区域复制推广230项经验案例，发布65个金融创新案例，66项自主创新措施全面实施，10项试点经验向全国推广，《人民银行关于金融支持中国（天津）自由贸易试验区建设的指导意见》准予实施政策已全部落地，11项措施在全国复制推广，FT账户复制工作稳步推进，累计开立FT主账户超过800个；金融创新运营示范区建设取得新进展，出台推动天津市绿色金融创新发展的指导意见，探索非试点地区绿色金融创新发展路径；东疆保税港区经营性租赁收取外币租金业务实施两项创新措施；设立滨海产业发展基金，认缴规模为300亿元，海河产业基金累计签署37只母基金合作协议，认缴规模为1238亿元；飞机、国际航运船舶、海工平台等租赁跨境资产占全国的80%以上。在此基础上，"十四五"时期天津提出"高水平建设金融创新运营示范区，推进金融产品创新，增强服务先进制造业和中小微企业的能力"。展望"十四五"，天津将深化金融改革创新，引领市场金融创新产品和金融业态，着力打造创新驱动新引擎，着力建成高水平金融创新运营示范区。

（二）聚焦绿色金融，响应国家"双碳"战略

"十三五"规划提出"推动低碳循环发展，推动绿色供应链体系建设"。"十三五"时期，天津围绕碳排放、绿色金融持续发力。2011年10月，天津市成为首批碳排放权交易试点市场之一。2013年12月26日，天津碳交易试点市场正式启动。天津碳排放交易市场在助力经济社会绿色发展方面成果斐然，天津排放权交易所数据显示，2020年，天津碳市场交易量达2909万吨，位居全国第二。此外，为进一步推动天津市绿色金融创新发展，自2017年中国人民银行天津分行和天津市金融局等八部门联合印发《关于构建

天津市绿色金融体系的实施意见》，提出构建天津市绿色金融体系系统规划起，天津市先后出台和落实了一系列支持绿色金融发展的专项政策措施。特别是2020年出台的《中国人民银行天津分行关于进一步推动天津市绿色金融创新发展的指导意见》（以下简称"天津绿金十条"），从健全绿色金融组织体系等10个方面，提出了进一步推动绿色金融创新发展的具体措施。数据显示，截至2020年第三季度末，天津市本外币绿色贷款余额为3184.30亿元，其中金融租赁公司绿色贷款余额达1021.17亿元，占全市绿色贷款余额的32.1%。展望"十四五"，天津市将持续推动绿色低碳循环发展，完善生态环境保护体制机制，同时加强与金融机构合作共同搭建天津绿色金融基础设施，不断促进天津产业绿色转型及"碳达峰、碳中和"战略目标的实现。

（三）推进金融开放，赋能"双循环"新发展格局

天津自贸试验区作为天津金融业开放的"桥头堡"，"十三五"时期，天津自贸试验区坚持以制度创新为核心，以可复制可推广为基本要求，以为产业和企业谋发展为落脚点，积极探索深化改革扩大开放的新路径、新经验、新模式，对标国际一流标准，先后推出了480多项先行先试改革措施，积极探索国际保理、物流金融、跨境电商等创新业务。天津自贸试验区自成立以来，累积向全国复制推广37项试点经验和实践案例，其中2020年，国务院发布自贸试验区第六批37项改革试点经验，天津10项经验入选，在全国各自贸试验区中入选数量最多。此外，天津自贸试验区不断优化营商环境，海外市场主体规模不断壮大。数据显示，截至2020年末，天津自贸试验区实有来自近60个国家和地区外商投资企业4000户，占全市的26.0%，注册资本为8833.65亿元，占全市的60.7%。展望"十四五"，天津将以自贸试验区为"纽带"，谋划推动建设天津自贸试验区联动创新区，进一步扩大政策与产业创新的深度和广度，充分发挥国家制度创新"试验田"的作用。同时推动开展符合市场需求的离岸、跨境等金融创新业务。深度融入"一带一路"建设，借助区域全面经济伙伴关系协定（RCEP）优势，强化与东北亚、东盟、欧盟等国家的经贸往来合作，形成全面开放新格局。

（四）服务实体经济，金融发力畅通经济血脉

金融作为现代经济的核心和实体经济的血脉，"十三五"时期，天津金融机构践行金融普惠改善民生的理念，着力解决融资难、融资贵的问题，不断增强金融服务实体经济的能力。一方面，天津不断加大政策扶持力度，充分利用政策优势先行先试，加快金融产品创新，运用金融科技手段解决解决小微企业融资难、融资贵问题；另一方面，天津市金融机构积极打造"互联网+支付"模式，注重线上线下支付与行业应用场景的紧密契合，打造更多金融服务场景，提高金融服务质效。截至2020年末，天津市金融机构企业贷款加权平均利率为4.64%，相较于2015年的5.73%下降了1.09个百分点，有效地降低了实体经济融资成本。此外，为破解广大中小微企业特别是个体工商户和小微企业主融资难题，人民银行天津分行积极组织中国银联天津分公司在"云闪付"App上搭建政银企对接平台——"津e融"，通过科技赋能、多方协作，企业线上一次申请，各类银行上门对接，实现"数据多跑路、企业少跑腿"，推动资金供求双方高效对接，助力天津市场主体解决资金需求实现平稳发展。自"津e融"试运行以来，有中国银行、农业银行、光大银行、天津银行等14家各类银行与中国银联天津分公司建立合作关系，注册用户10.1万户，10845家企业通过平台提出需求、获得贷款8.2亿元，有效帮助天津中小微企业"足不出户"就可提出融资需求、获得金融服务。展望"十四五"，天津市将以科技赋能金融，依托大数据、云计算、人工智能等新技术，打破地域、场景、时效、成本等边界的角色，使金融能够真正下沉服务好社会，助力实体经济发展。

三 "十四五"天津金融发展的转型空间

金融作为实体经济的血脉，具有优化资源配置、调节经济运行的作用。而且，推动金融业发展既是金融业自身发展的需要，也是社会经济发展的需

要。天津"十四五"规划有关金融政策的表述主要涉及科技金融、跨境金融、普惠金融、绿色金融、租赁金融、供应链金融六大方面,这些着力点不仅反映了天津全面深化改革和完善宏观治理的坚定信念,也体现出天津市金融业服务实体经济实现高质量发展的明确定位。

(一)科技金融

"十四五"规划提出"大力发展科技金融""构建全周期、全覆盖的科技金融支撑服务体系"。所谓科技金融是指支持促进科技研发、成果转化和高新技术产业发展的金融服务、金融方案、金融产品、金融市场、金融机构及金融政策和金融制度安排。从国家层面来看,科技部、财政部、人民银行等部门多次发文支持科技金融,明确科技金融的理论、战略、政策与实操指引。从天津来看,"十三五"时期,人民银行天津分行先后印发《金融支持天津实体经济和高质量发展的指导意见》《关于进一步深化民营和小微企业金融服务的实施意见》等一系列政策性文件,引导金融机构加大对科技型企业的支持力度。在金融产品方面,天津市金融机构根据科技型企业的特点,实行产品差异化创新,不断推出符合科技型企业需求的特色化金融产品;在服务模式方面,天津市金融机构不断创新投贷模式,开展"投贷联动"。未来"十四五"时期,天津市将认真贯彻落实国家相关要求,积极推进科技金融创新,不断加强和改进对科技型企业的金融服务。

(二)跨境金融

"十四五"规划提出"推动跨境业务、离岸业务结算便利化"。在国家"加快构建以国内大循环为主体、国内国际双循环相互促进的新发展格局"的战略指引下,"十四五"时期天津推进跨境金融具有重要意义。一方面,随着资本项目双向开放的不断提速,如取消合格境外机构投资者(QFII)和人民币合格境外机构投资者(RQFII)投资额度限制等措施促使跨境资产管理配置需求上升,从而为天津跨境金融带来新的业务机会;另一方面,取消证券等外资金融机构持股比例限制规定等也为外资金融机构在天津的发展带来了新机遇。未来"十四五"时期，在中国"双循环"新发展格局的背景下及天津市加快建设改革开放先行区的目标指引下，天津市将继续完善自由贸易试验区布局，推动跨境业务、离岸业务结算便利化。

（三）供应链金融

2021年政府工作报告首次提出"创新供应链金融服务模式"，《纲要》提到"大力发展融资租赁、商业保理、产业基金等供应链金融"，这意味着供应链金融已上升为国家战略。同样，在天津"十四五"规划中，也着重提及供应链金融。近年来，为推进天津自贸试验区供应链金融创新发展，构建现代化、全球化、智能化供应链体系，天津市根据《关于规范发展供应链金融 支持供应链产业链稳定循环和优化升级的意见》《中国银保监会办公厅关于推动供应链金融服务实体经济的指导意见》等精神，结合天津市产业基础和供应链体系发展实际，提出《关于促进中国（天津）自由贸易试验区供应链金融发展的指导意见》，提出构建"数字仓库+可信仓单+质押融资+大宗商品市场+场外风险管理"的"五位一体"供应链金融综合服务体系，为金融支持中小微企业发展提供了有力工具，并在全国首创基于基差点价的非标预售合同转让、大宗商品交易和基于可信舱单等共产质押融资等创新模式。未来"十四五"时期，天津市将继续鼓励和支持金融机构在自贸试验区设立供应链金融专营机构、事业部，增强金融机构开展供应链金融服务的力量，形成金融服务"产融结合""产城融合"发展特色，推动天津供应链金融创新发展。

（四）普惠金融

"十四五"规划提出"大力发展普惠金融""完善乡村金融服务体系，推动农村金融机构回归本源，加快涉农金融产品和服务创新"。意味着普惠金融特别是农村普惠金融仍然是"十四五"期间天津金融工作的重点内容。截至2019年末，天津市金融机构支持普惠型小微企业贷款余额达1217.09亿元，有贷款余额户数为50.51万户；发放涉农贷款金额达1014.97亿元，发放户数为14.54万户。此外，天津辖内乡镇银行机构网点覆盖率达100%，行政村服务覆盖率达99.81%，基本实现农村基础金融服务全覆盖。未来"十四五"时期，天津市金融机构持续加大对小微企业、"三农"和民生领域的金融供给，推动完善金融服务信用信息平台建设，推进农村支付环境建设，着力提升城乡基础设施及教科文卫等公共事业发展水平，让金融更多"惠"入平常百姓家。

（五）绿色金融

"十四五"规划提出"推进绿色低碳发展，积极发展绿色金融"。2020年9月，我国向世界庄严承诺，要在2030年前实现"碳达峰"、2060年前"碳中和"。落实好"碳达峰""碳中和"的工作任务，是天津市贯彻新发展理念，实现绿色发展、循环发展、低碳发展的必然要求。而服务好"碳达峰""碳中和"的战略部署，也是未来一段时期天津金融工作的重点之一。为实现这一目标，"十四五"时期，天津将以"天津绿金十条"为基础，坚持生态优先、绿色发展为导向，加快绿色制造体系建设，持续推动绿色工厂、绿色园区建设，打造绿色供应链，提升工业绿色发展水平。积极发展绿色金融，发挥金融在资源配置、风险管理、市场定价等方面的功能，加快推动市场导向的绿色技术创新，发展壮大节能环保、清洁能源等绿色产业，助力经济绿色发展。

（六）租赁金融

天津"十四五"规划提出"积极推动'融资租赁+'产品服务创新，提升离岸租赁、出口租赁金融服务便利化水平，建设东疆国际一流融资租赁聚集区"。作为金融创新运营示范区的一部分，天津东疆保税港区凭借着产业优势、创新生态吸引着众多企业入驻，积极发展以融资租赁、商业保理为代表的新金融业务。天津东疆保税港区成为全国首家获批开展经营性租赁收取外币租金业务的区域，截至2019年末，试点以来累计办理业务突破77亿美元，与此同时在融资租赁公司外债便利化试点上，已有4家融资租赁企业获得试点资格，28家特殊项目公司共享外债额度，完成外债登记21笔。未来"十四五"时期，天津将以东疆保税港区为依托，巩固拓展融资租赁产业优势，积极推动"融资租赁+"产品服务创新，提升离岸租赁、出口租赁金融服务便利化水平，建设东疆国际一流融资租赁聚集区。

四 "十四五"时期天津金融政策落实具体路径

（一）发展绿色金融，建设绿色发展示范区

第一，加强相关环境立法，压实天津市金融机构环境保护职责，鼓励金融机构通过实地考察、口头询问、信息披露等形式动态监测信贷企业的环境风险，同时天津市监管机构对违反环境保护法的金融机构和相关企业加大处罚力度。第二，鼓励天津融资担保公司开展绿色信用增值业务，为天津的绿色企业和绿色项目提供信用增值支持，为有条件的小额信贷公司和融资租赁公司参与绿色金融业务创造条件，鼓励区域内外风险投资、私募股权基金等资本参与到绿色投资中。第三，鼓励天津市金融机构发展绿色保险，创新生态环境责任保险产品。同时，鼓励天津的绿色企业通过发行债券、进行上市等方式筹集资金，对于天津中小企业，支持发行绿色集体债券。第四，落实绿色金融领域的相关财政政策，包括根据要求给予财政利息补贴，采用政府与社会资本合作（PPP）模式，积极推动绿色产业发展，为绿色金融发展创造良好的政策环境。

（二）发展农村普惠金融，支持乡村振兴

第一，积极打造乡村振兴综合金融服务平台。积极发挥金融服务站点深入农村、贴近农业、了解农民的特点，打造集业务咨询、服务营销、信息宣传、平台推进为一体的金融综合服务平台。第二，结合农村资源的特性，对农村金融产品的研发设计进行创新。以农业产业化和农村特色产品形成的产业链和供应链为依托，创新金融产品设计，加大在贷款金额、利率、期限、

担保、风险等方面的支持力度，使其与农业生产周期匹配。第三，发挥数字普惠金融的引领作用，着力构建互助共享、运行高效、线上线下同步发展的普惠金融产品服务体系，对目标客户进行精准识别、精细管理与精准服务，对于普惠金融领域突出的信用、信息和权力问题，通过技术创新来缓解。第四，加强金融科技赋能，利用互联网、手机银行等金融科技手段，扩大农村金融服务半径及服务覆盖面，推动农村金融服务门槛和成本显著降低，打通农村金融服务的"最后一公里"。

（三）发展供应链金融，促进经济"内循环"

第一，搭建供应链金融服务平台，推进供应链企业实现信息共享。开发和共享供应链企业的运营、信用、物流等信息，形成广覆盖、透明的信用信息体系，推动产业链供应企业行为诚信守法。第二，支持物流金融产品创新，推进制造商金融供应链纵向整合，使金融产品的设计满足供应链中大多数企业的需求。目前，制造商的供应链金融产品主要包括库存融资、应收账款融资、预付款融资等，应当将其与科技手段进行整合，提升效率。第三，构建多元化金融组织体系，与金融服务形成协同效应。目前供应链金融参与主体日益增多，融资渠道呈现多元化趋势，包括银行、第三方支付、保理公司、小额贷款公司、信托公司和市场融资（资产证券化）等，供应链产品越来越丰富。但供应链产品服务的企业仍然有限，需进一步完善数据系统，强化协同作用。

（四）发展跨境金融，支持经济"外循环"

第一，深化天津自贸试验区跨境金融服务创新。推进大宗商品投资便利化、贸易自由化，支持金融机构开展贸易跨境人民币结算等业务创新，深化跨境人民币结算便利化试点。第二，构建与国际循环相适应的金融服务体系。依托天津自贸试验区，支持符合条件的金融机构为跨境企业提供全球授信、贸易融资、保单融资、多币种清算等一站式金融综合服务。第三，提高天津金融机构国际化发展水平。支持外资金融机构在天津布局及业务发展，同时鼓励其与境外母公司联动，引进更多先进技术、产品和管理。鼓励有条件的法人金融机构加强与国际先进金融机构合作，积极"走出去"参与国际竞争。争取开展证券公司跨境业务试点、合格境外有限合伙人（QFLP）、合格境内有限合伙人（QDLP）等试点。

（五）发展租赁金融，建设世界级融资租赁聚集区

第一，完善金融租赁法律体系。天津市的相关法律部门应积极探索，根据天津市金融租赁业现状及特点，因地制宜出台金融租赁法，在法律上明确融资租赁业在经济发展中的地位，为天津市金融租赁业快速良好健康发展保驾护航。第二，提升金融租赁创新。金融租赁业发展的核心是创新，天津市应加快建立完善的、行之有效的金融租赁创新体系，充分挖掘金融租赁的方式、租金及租期的设置、资金来源、标的物形态等方面的创新。第三，培养专业人才。天津市政府应制定并完善从业人员在监管机构和金融机构备案制度，同时天津市政府也应发挥引导作用，建立人才培训基地，解决天津市高层次金融人才供应不足的问题，为金融改革创新先行先试提供强有力的人才和智力保障。

（六）探索金融协同发展，服务国家区域战略

第一，坚持金融支持国家重大区域发展战略的定位，提升金融支持效率。根据京津冀各地区的特点，加快出台金融支持京津冀协同发展的各项举措，提升金融服务实体经济和区域协调发展的质量和效能。第二，强化协同合作，不断提高京津冀三地的金融运营同城化、金融监管协同化、金融便利同步化水平，改善金融资源配置效率。第三，牵头创设京津冀协同发展产业投资基金，聚焦京津冀重点领域，引导金融机构持续加大京津冀区域内的基础设施、产业升级、生态建设等重点领域金融支持。此外，强化监管协同，构建京津冀金融风险监测预警平台，加强京津冀金融风险联防联控机制建设，坚决守护京津冀区域风险底线。